U0691416

新时代高校法治工作
创新路径探究

康　晨　刘护国　著

中国原子能出版社

图书在版编目（CIP）数据

新时代高校法治工作创新路径探究 / 康晨，刘护国
著 ． -- 北京 ： 中国原子能出版社，2022.7
ISBN 978-7-5221-2039-3

Ⅰ．①新… Ⅱ．①康… ②刘… Ⅲ．①社会主义法制
—法制教育—研究—高等学校 Ⅳ．① G641.5

中国版本图书馆 CIP 数据核字（2022）第 137877 号

新时代高校法治工作创新路径探究

出版发行	中国原子能出版社（北京市海淀区阜成路 43 号　100048）	
责任编辑	杨晓宇	
责任印制	赵　明	
印　　刷	北京天恒嘉业印刷有限公司	
经　　销	全国新华书店	
开　　本	787 mm×1092 mm　　　1/16	
印　　张	10.25	
字　　数	189 千字	
版　　次	2022 年 7 月第 1 版　　2022 年 7 月第 1 次印刷	
书　　号	ISBN 978-7-5221-2039-3　　定　价 72.00 元	

前　言

依法治国，是坚持和发展中国特色社会主义的本质要求和重要保障，是实现国家治理体系和治理能力现代化的必然要求，事关我们党执政兴国，事关人民幸福安康，事关党和国家长治久安。

本书共五章。第一章为绪论，主要对新时代高校法治工作创新路径探究的研究背景和国内外高校法治工作现状进行了综述，使读者了解高校法治工作的发展以及探究历程。第二章为高校法治工作理论基础，主要介绍了三个方面的内容，分别是依法治国概述、依法治教概述和依法治校概述，使读者能够从不同视角看待高校的法治工作。第三章为法治视域下的高校工作事务，主要介绍了三个方面的内容，分别是高校学生工作、高校教师管理以及高校日常管理，使读者能够了解法治视域下的高校工作事务的具体内容。第四章为高校法治的民主化管理与监督，主要介绍了高校民主化管理和高校内部监督两方面内容。第五章为新时代高校法治工作创新路径，主要从新时代高校师生法治工作创新和新时代高校管理法治工作创新两个方面对高校的法治工作创新进行了探索，力求找到新的工作路径以及给予读者新的启发。

在撰写本书的过程中，作者得到了许多专家学者的帮助和指导，参考了大量的学术文献，在此对涉及的学者表示真诚的感谢。由于作者水平有限，书中难免会有不足之处，希望广大读者批评指正。

目　录

第一章　绪论

本章为绪论，主要对新时代高校法治工作创新路径探究的研究背景和国内外高校法治工作情况进行了综述，以使读者了解高校法治工作的发展以及探究历程。

第一节　研究背景

自 2003 年 7 月 17 日教育部发布《关于加强依法治校工作的若干意见》开始，教育系统开展了一系列的依法治校创建活动，教育部及各地方省级教育行政部门分别针对各级各类学校选定依法治校示范校开展试点。2010 年，国务院常务会议审议并通过的《国家中长期教育改革和发展规划纲要（2010—2020 年）》明确要求"大力推进依法治校"，国家从立法层面全面推进依法治校，并于 2012 年 11 月 22 日印发了《全面推进依法治校实施纲要》。在这个时期。教育系统也陆续出台了一系列的法治文件，建立健全并规范教育系统的治校法规，如教育部以第 31 号令、第 32 号令的形式分别颁布了《高等学校章程制定暂行办法》和《学校教职工代表大会规定》，为高等学校管理及民主治校提供了政策依据。2014 年 10 月 23 日，中国共产党第十八届中央委员会第四次全体会议通过了《中共中央关于全面推进依法治国若干重大问题的决定》，明确将全面依法治国定义为新时代新思想的一个重要组成部分，将其实践性、科学性和真理性作为践行新纪元中的新理论、实现新征程中的新发展的重要内容。这对全面推进依法治国做出了战略部署，勾画了法治中国建设的宏伟蓝图。"教育是民族振兴和社会进步的基石。"贯彻落实党的十八大及十八届三中、四中全会精神，要切实以法治思维和法治方式深入推进教育领域综合改革，促进教育事业科学发展。2014 年 12 月，习近平总书记在江苏调研时发表重要讲话并提出"四个全面"战略布局：协调推进全面建成小康社会、全面深化改革、全面推进依法治国、全面从严治党，推动改革开放和社会主义现代化建设迈上新台阶。"四个全面"战略布局的提出，完整而清晰地指出了当前和今后一个时期党和国家各项工作的关键环节、重点领域和主攻方向。2020 年 7 月《教育部关于进一步加强高等学校法治工作的意见》强调把法治作为学校治理的基本理念和基本方式，把法治工作融入学校工作全过程和各环节。习近平总书记重要讲话精神和教育部文件为我们运用法治思维做好高等学校法治工作提供了理论和政策依据，使得高校法治工作体系化有了根本遵循和行动指南。我国高等教育事业承担着立德树人的重任，"培养合格的社会主义建设者和可靠接班人"是社会主义大学义不容辞的历史使命。坚持依法办学，依法治校，在各种实事求是创新的探索中，始终不忘法律法规的红线，不仅是我国高等教育事业健康发展的有力保障，也是落实"四个全面"战略布局的根本体现。实现高校管理工作法治化是依法治国方针在高校的充分体现，也是新时代高校提高治理能力的重要途径。

第二节　国内外高校法治工作现状

一、国内高校法治工作情况综述

高等学校的法治是推进高等教育事业科学发展的加速器和维护阀。改革开放 40 多年来，我国高等教育事业取得了举世瞩目的巨大成就，广大人民群众依法享受的教育权益得到了充分保障，接受良好高等教育的机会不断扩大和改善。高等教育法治在确认、保障和发展广大人民群众的受教育权，促进教育改革发展方面发挥着十分重要的作用。进入新时代、新征程，随着高等教育的逐步国际化和全面推进依法治国战略进程的加快，这种作用越发凸显。2010 年 7 月，党中央、国务院召开了 21 世纪第一次全国教育工作会议，颁布了《国家中长期教育改革和发展规划纲要（2010—2020 年）》，强调法治建设对高等教育事业科学发展的重要作用。它针对高等教育改革和发展的新形势、新任务，明确提出"大力推进依法治校"，要求学校制定完善的学校章程及制度，依法办学，尊重教师权利，保障学生受教育权，在校内建立健全符合法治原则的教育救济制度，深入开展普法教育。该纲要颁布实施以来，全国人大常委会于 2015 年 12 月修订了教育法、高等教育法。中共中央印发了新修订的《中国共产党普通高等学校基层组织工作条例》。中共中央办公厅印发了《关于坚持和完善普通高等学校党委领导下的校长负责制的实施意见》。国家教育体制改革领导小组办公室下发了《关于进一步扩大省级政府教育统筹权的意见》《关于进一步落实和扩大高校办学自主权、完善高校内部治理结构的意见》。教育部相继下发了有关高等学校章程建设、高等学校教职工代表大会制度、高等学校学术委员会规程、普通高等学校理事会规程以及高等学校信息公开等的规章、条例。这些为完善高校治理体系、扩大办学自主权、优化权力配置、加强学生教育与管理、切实保障师生权益等提供了法律、法规依据和制度规范遵循。特别是 2014 年 10 月党的十八届四中全会通过的《中共中央关于全面推进依法治国若干重大问题的决定》为全面推进高等学校的法治工作提供了理论基础和实践指南。高校对依法治校的战略性和紧迫性的认识有了显著提高，依法治校的理念、目的、要求在学校法治实践中不断得到认同和深化。依法治校的举措、工作机制逐步加强和健全，对于推进各级教育行政管理和高校内部管理体制、机制改革，转变学校治理理念、方式，提高学校依法决策、民主管理和监督、保障师生合法权益的意识与水平起到了重要的推动作用。2012 年 11 月 22 日教育部印发的《全面推进依法治校实施纲要》是依法治国基本方略在高校领域的具体实践和基本要求。在新形势下，该实施纲要按照党的十八届四中全会决定精神，运用法治思维和法治理念，着力解决学校治理体系和治理能力方面所面临的社会变革与严峻挑战问题。高教系统也进行了积极探索，取得了比较丰富的实践成果。

2020 年 7 月，教育部就坚持和完善中国特色社会主义教育制度体系，推进高等学校治理体系和治理能力现代化，进一步加强高等学校法治工作，全面推进依法治教、依法办学、依法治校下发了《教育部关于进一步加强高等学校法治工作的意见》。2021 年 2 月 26 日，中共中央政治局召开会议审议修订的《中国共产党普通高等学校基层组织工作条例》，强调修订条例是深入贯彻习近平新时代中国特色社会主义思想、贯彻落实新时代党的建设总要求和新时代党的组织路径、坚持和加强对高等学校全面领导的重要举措，对于建设高质量教育体系具有重要意义。

二、国外高校法治工作情况综述

许多发达国家的著名高等学府经过数百年的积淀，已经形成了比较健全的现代大学制度，形成了依法治校的良好氛围。

（一）美国

美国拥有完备的高等教育系统和健全的高等教育制度，产生了一大批世界一流大学。美国之所以成为世界高等教育中心，很重要的一点在于它在借鉴西方其他国家高等教育经验的同时实现了经验的本土化和创新，而支撑这种本土化和创新的是美国独具特色的现代大学制度。

1.更为完备的大学自治权

美国大学有着悠久的自治传统，是自治性极强的法人组织。经过百年的发展，美国大学在学术、行政还有财务方面都获得了相当大的自主权。高校董事会有效防止政府对大学的干预，教授对大学学术事务负有直接责任，学校办学经费的筹集和使用也是自主决定的。中国教育学博士别敦荣将其概括为六个方面："大学拥有制定组织条例和章程的权力，拥有分配和使用经费的权力，拥有自主招生的权力，拥有聘用教师的权力，拥有课程设置的权力和拥有授予学位的自主权力。"

在美国，任何一个团体或组织都有建立高等学校的权力，而且不论是公立还是私立高等学校都享有充分自治权。美国大学可以自行决定课程计划、授课内容和教师的聘任等，无须通过政府审批。美国大学在专业设置、课程安排以及教学内容等方面完全以社会需求为导向，并没有全国统一的规划与模式。

学生还有自主自由选择专业、课程及教师的权利，教师也可以自主地制订培养目标及教学计划，学校对教师的教学通常采取弹性而宽松的管理。

2.通过董事会制度实行大学民主管理

高校董事会制度是美国大学民主管理的核心代表和集中体现，也是美国高校内部管理制度的特色。美国大学制度之所以能够享誉世界，在很大程度上得益于它的大学董事会制度。董事会制度不仅充分调动了美国社会各方面的办学积极性，为高等教育发展筹措了充足资金，同时还开创了校外人员管理高等学校的先例。

美国的高等学校董事会制度有四个鲜明的特点。

（1）董事会法律地位明确

美国高等学校董事会制度最初是根据特许状成立，而后在法律的保障下稳步发展起来的，美国宪法和教育立法都有关于建立高等学校董事会的规定，法律规定董事会的地位是合法的法人组织，董事长是高等学校的法人代表。

（2）董事会是高等学校最高决策机构

美国高等学校董事会处于高等学校管理系统的顶端，是学校的最高决策机构和权力机构，可视为高等学校的"最高法院"。

（3）董事会人员构成多样化

美国高等学校董事会中有政府官员代表、企业家、慈善家、社会名流和知名校友，还有一小部分是教职人员和学生代表。从董事会人员构成可以看出，其成员主要来自学校外部。构成人员的多样化保障了董事会决策的民主性和科学性。

（4）董事会与校长关系明确

美国高等学校实行的是董事会领导下的校长负责制，董事会作为学校最高决策机构，其职责主要有：确立大学的发展方向与目标，遴选、支持和评价校长，坚持大学长期发展规划，寻求适当的资金来源及确保其运用，维持和改善学校与社会之间的关系，维持学校自治，自我评价。具体的实施工作由校长执行，校长对外代表学校，对内向董事会负责。

（二）英国

英国的大学主要不是由政府举办，这一特点使大学始终保持着较大自治权。英国的大学很少受外界的影响，学术自由和大学自治是其古老传统，尤其以牛津大学和剑桥大学为代表。英国私立高校的治理结构和理想使命很大程度上来源于牛津大学和剑桥大学的传统。

英国政府与大学的关系主要奉行两个基本原则：一是"政府不希望自己陷入宪法规定的由大学自己负责的事务中去"，大学的各项事务完全由大学自己处理，给予大学充分的自治权；二是"不把由政府本身承担的更为合适的任务强加给大学"。政府对大学的影响主要是财政拨款，英国政府成立专门的中介机构——大学拨款委员会，该委员会决定拨款对象和拨款数额，这体现了政府不介入大学管理的明确态度。

20世纪80年代末英国政府颁布了《1988年教育改革法》和《高等教育新框架》，近年来的英国高等教育改革已经体现出政府加强对大学控制的势头，其中一个重要表现是英国政府以大学基金委员会取代此前的大学拨款委员会，改革了原有的经费分配办法。政府从以往的单一管理者开始转变为以投资者的身份通过竞标和订立合同的形式向大学拨款，在拨款的同时向大学提出"政绩"要求。

英国的高等学校是经国家特许的法律承认的独立法人，中央政府不过问其学校事务。在英国，大学真正的掌权者是副校长，副校长由大学自己选举产生，而正校长是由政府任命的，只是一种荣誉称号，并没用实际管理权。大学对政府拨款拥有自由使用权。政府拨款给大学以后，政府对这笔拨款就失去了权力，使用权完全在大学手中。大学的日常管理活动由大学自己决定。比如，招生数量及办法、教师聘任、课程内容、教学方法、考试标准和组织机构等的决定权均在学校方面，政府无权干涉。

英国的大学校长和教师也享有较大的独立自主权。学校日常的行政事务等，一般都由学校自己全权处理，必要时与学校教师协商后共同处理，不受政府的干预。

英国特别重视教育中介组织的作用，通过中介组织沟通大学与政府的关系，通过校董事会、理事会加强校外的交流。教育中介组织是介于政府、社会、高校之间的桥梁和纽带，其主要功能是收缩政府职能，提高政府对大学的宏观管理效能，同时防止权力滥用，保证大学自治。

（三）德国

在德国，人们按照举办者的不同把高等院校分为三类：公立学校、私立学校、教会学校。德国公立大学从中世纪大学发展起来时就与政府保持着密切的联系，公立大学由政府创办，办学经费由政府提供，因此一定程度上受控于政府，学校的重大事务、办学经费、人事管理等权限都在政府手中。20世纪70年代，为缓解教学资源紧张的压力，私立高校应运而生，成为德国公立大学的补充，但无论从质量上还是从数量上看，私立高校还是无法和公立大学相比。20世纪80年代以来，信息技术的发展和经济全球化步伐的加快给教育事业带来了各种变化，这些变化使得德国公立高校的教学内容、教学方法、教学手段等与时代潮流格格不入。而其他国家私立高校的发展，尤其是美国私立大学的成功让德国人看到了私立高校的优势所在，如教学科研组织上的灵活性、办事较为迅速，而且没有公立高校的官僚作风等，因此推动了德国私立高校的"成立潮"。德国私立高校得到了快速发展，并产生了一些可以与公立高校相竞争的优秀私立大学。

德国重视教育立法和制定教育政策，早在18世纪就已经有了比较完整的教育法规。19世纪，德国逐步完善了各类教育法规，以《联邦德国高等学校总法》为核心，制定了一系列配套法律法规规范高等教育。重视教育的长期发展计划，是德国教育发展的一个重要特征。1953年以来，联邦政府和教育机构先后设立了德国教育计划委员会、德国教育顾问委员会、联邦与州教育计划委员会等机构，专门致力于研究、制订教育发展的长期计划，作为教育法和教育决策的依据。联邦政府不断通过立法限制政府以及大学在某些方面的行为，制定了一系列的法律法规，使几乎所有涉及高等教育的问题都可以凭借相应的法律依据解决。

德国大学一直与政府保持着密切联系，多数大学是由政府创办的，政府提供大学的办学经费，最初设立的布拉格大学、海德堡大学和维也纳大学的办学经费都是由当时的城市政权提供的，因此德国的大学"政府色彩"浓厚，一定程度上受制于政府。德国政府是大学的举办者和管理者，享有大学管理中重大事务的最终决定权，所有重大事务必须在得到教育部门的同意后才可以执行；政府负责大学的办学经费，但是经费的使用需要按照政府制订的计划进行；政府还决定着大学的人事管理权。

德国的大学教师拥有较高的学术自主权。教授、学者是德国高校教学科研的核心力量，他们的职责包括组织教学和科研活动，决定科研方向并筹集科研经费，指导博士生和大学毕业生的科研论文，聘用各种教学和科研人员等。学术中层是高校的骨干教师，他们属于教授之下的教学科研人员。德国大学的教授、学者享有高度的学术自由和自治权：在课程设置方面，教授根据教育法中关于专业课程的设置规则自主开设课程，行政部门无权更改；教授自行决定教学内容和教学形式，学生的学习水准、学习进程等完全由教授审核并做出判断，对教授做出的判断，行政管理部门只是备案，无权更改；教授的研究经费直接由政府划拨，不需要经过学校，他们可以自行决定人、财、物的使用；多数教授拥有自己的研究所，研究所内的资金和设备完全由教授自己掌控；教授可以自由地与企业、公司、基金会和社会团体等建立各种联系，自由确定合作内容，自由转让技术，行政部门无权过问，也无权就教授所得进行"提成"。大学教师较高的学术地位体现了德国大学"教授治校"的传统。当然，20世纪60年代以来，德国政府先后推出了一系列的高等教育改革措施，重点在于增强大学自身的组织意识和责任意识，扩大高等学校的办学自主权。

在德国，私立高校的运行需要得到州政府支持。政府主管部门会不定期对这些高校的办学目标进行检查，以保障其拥有一定数量的合格的正规学术人员以及足够的资源。德国的私立高校大多是以公司、社团、组织的名义注册建立或管理的，除了收取学费外，在管理体制上基本沿袭了公立高校的大学自治、学术自由和教授治校的传统。高度自治是德国私立高校突出的特色，也为私立高校的跨学科化、个性化和国际化的发展和创新提供了制度保障。

（四）日本

日本是一个深受东方专制主义文化影响的国家，皇权专制思想浓厚，体现在高等教育管理上就是政府对大学实行全面直接的控制。高等教育的管理权主要集中在中央政府，文部科学省作为中央政府管理高等教育的部门，集中管理高等教育的各项事务。无论国立、公立还是私立高校都在很大程度上受文部科学省的直接管理。在这一体制下，政府实际上是大学制度安排的主体。第二次世界大战以后，随着"民主主义"思想在教育界的普及与发展，日本政府确立了尊重和依靠私立学校的思想，强化了私立学校的公共性和公益性，提高了私立学校的自主性，并以公共性和自主性为原则处理与私立学校的关系。因此，日本政府在对私立高校的管理上逐渐形成了民主化、法制化的特点，多采用法律制定、政策扶持和经费资助的办法进行管理。

日本政府重视教育的法制建设，并且依法实施对私立高校的管理。日本在1946年颁布的《日本国宪法》的基础上，又于1947年颁布了《教育基本法》和《学校教育法》。以这些法律的基本精神为宗旨，日本于1949年又制定了一部专门的私立教育法律——《私立学校法》。这部法律的第一章第一条里明确指出"私立学校的特性是自主性和公共性"，这为政府对私立学校的管理指明了方向。《私立学校法》阐明了私立学校的组织管理及私立学校审议会的设置；明确了"所辖厅"的权限、国家和地方对私立学校的补助、监督以及有关处罚等事项。从《私立学校法》可以看出，日本政府承认和提高了私立学校在公共教育中的作用和地位，私立学校与国立、公立学校并列，共同担负起公共教育的责任；在教育行政管理上，充分尊重私立学校的自主性，限制了政府对私立学校的权限，给予私立学校更多的自主权；在财政上，对私立学校直接或间接地实行国库补助。《学校教育法》为日本大学有法可依提供了保障，切实保证了高等教育法治化发展的运行轨迹。

日本高度集中计划性的现代大学制度促成了像东京大学等一批大学的崛起，使日本成为高等教育强国。其计划性表现在：大学均是按计划设立的。高等学校的设置权控制在文部科学省手中，文部科学省决定建立怎样的高等学校，对于什么时间、什么地点等都有详细计划，不仅公立学校这样，私立学校的设立也必须经过文部科学省的审批，高等学校的学科设置、招生计划、学校发展规模等也由政府决定。政府决定高等学校的职能。日本政府对私立高等教育机构实行分级管理，即私立大学、短期大学和高等专科学校由文部科学省主管，其他私立高等教育机构由都道府县知事主管。其主管权限：认可私立学校的开办、停办及变更办学者；当私立学校违反有关法律、法令，违反主管机构基于法令的命令或停课半年以上时，可令其停办；要求私立学校提供教育调查统计等方面的报告。

为加强私立学校管理的民主化、科学化，文部科学省和都道府县知事分别设有咨询机构，如学校法人审议会和私立学校审议会。文部大臣在认可私立大学、短期大学及高等专科学校的开办、停办、变更办学者、变更学校定额以及命令学校关闭时，须预先听取学校法人审议会的意见。私立学校审议会委员由都道府县知事在所管辖的私立学校校长、学校法人理事和社会有识之士中任命。

　　除了法规规定私立高等院校必须遵守的条款之外，各个私立高等院校入学制度、学费标准、学位授予等重要事项均由各院校自主管理。这就使得日本的私立高等院校入学方式多样化、学费标准自主化、办学特色多样化。

第二章　高校法治工作理论基础

本章为高校法治工作理论基础，主要介绍了三个方面的内容，分别是依法治国概述、依法治教概述和依法治校概述，以使读者能够从不同视角看待法治工作。

第一节　依法治国概述

一、基本内涵

依法治国的基本内涵具体表现在以下六个方面。

（一）主体是广大人民群众

人民是依法治国的主体和力量源泉，这是由我国的国体和政体决定的。建设中国特色社会主义法治体系，建设社会主义法治国家，需要从人民群众的根本利益出发，发挥人民群众的主体作用。

（二）客体是人民的管理行为

在社会主义法治国家，由于人民群众直接或间接参与国家事务和各种社会事务的管理，因而法律规范和制约的主要是国家机关、公职人员的管理行为，也包括各种社会组织、企事业单位和公民个人参与国家和社会事务的管理行为。因此，管理行为是"依法治国"的客体。

（三）手段是法律

法律不是法治的主体，也不是法治的目的，法律应为手段、工具，或者说是治理国家的尺度、标准。法律是规范人们行为的一种手段，在阶级依然存在的整个历史时期必须采取这种手段，而且还必须按照它本身的特有属性和运行规律去运用这个手段，否则便不能达到预期的目的。

（四）核心是全面贯彻落实党的路线、方针和政策

政策和法律的关系是内容和形式的关系，内容决定形式，形式体现和作用于内容，二者是相互依存的，而不是相互排斥的。依法治国有利于党的政策贯彻落实，有利于改善党的领导，而不是削弱党的领导。

（五）实质是社会主义民主

社会主义法治是社会主义民主的制度化、法律化。没有社会主义民主就不可能有社会主义法治。而法治又是社会主义民主的内在要求，它体现、完善和保障社会主义民主制度，使之不因领导人或领导人看法和注意力的改变而改变。这二者是相互依存的，而更具有决定意义的是社会主义民主。社会主义民主是社会主义法治的质的规定性。

（六）基本要求是确立和维护宪法、法律的权威

法律权威是指法律对人们行为进行规范和调整的实际有效性。确立和维护法律权威这一基本要求具体体现在两个方面。一是形式上的要求，即"有法可依、有法必依、执法必严和违法必究"。这是直接见之于行为的要求，如果在行为上没有遵循这一要求，必然损害乃至完全破坏法律的权威。二是实质性要求，即坚持法律面前人人平等，严禁任何组织和个人获取超越法律的特权。这是上述行为要求的直接目的，是法律权威最本质的体现。

二、依法治国的难点与实现路径

（一）法治的要素

1997年9月，中国共产党第十五次全国代表大会报告正式提出"依法治国，建设社会主义法治国家"的治国方略。1999年3月，"中华人民共和国实行依法治国，建设社会主义法治国家"被写入宪法，"法治"的概念被宪法正式确认，并上升为一项不可动摇的宪法原则。然而，由于权力干预司法、司法不公、司法不廉、行政机关违法行政等情况时有发生，忧患之下，中国共产党第十八届中央委员会第四次全体会议将依法治国提升到了前所未有的高度，就全面推进依法治国做出了战略部署，明确提出建设法治体系与法治中国的总目标。中国共产党第十八届中央委员会第六次全体会议聚焦从严治党议题，审议通过了《关于新形势下党内政治生活的若干准则》和《中国共产党党内监督条例》，构建"制度铁笼"，使党内的政治生态逐步走向制度化和法治化。

什么是法治？法治是与人治相对立的治国方略，是社会治理追求的目标，强调法律至上、良法之治、保障权利、制约权力、程序公正的法律精神与价值原则。具体来说，法治应包括以下几个要素。

1. 宪法和法律至上

宪法是国家的根本大法，它规定了国家的基本制度和大政方针，明确了公民的基本权利和义务，规定了国家机关的产生方式和职权范围，并明确国家象征。民法、刑法、诉讼法等普通法律是宪法某一方面或某一规定的具体化。一切违反宪法和法律的行为，都要予以追究。任何组织和个人都没有超越宪法和法律的特权。

2. 规范权力，服务人民

（1）坚持依法行政服务人民

在 1978 年召开的党的十一届三中全会上，邓小平就提出"有法可依、有法必依、执法必严、违法必究"的法治建设原则，将严格执法作为法治建设的重要组成部分加以突出和强调，凸显了严格执法对维护社会主义法治、将法律法规中反映的人民意愿切实落到实处的基础性意义。在此基础上，江泽民同志提出："一切政府机关都必须依法行政，切实保障公民权利，实行执法责任制和评议考核制。"这明确将依法行政与保障公民权利相结合，并强调通过健全相应制度机制、完善责任追究和考察评比制度来确保行政权力的合法运行。胡锦涛同志指出："要坚持依法执政、依法行政。越是工作重要，越是事情紧急，越是矛盾突出，越要坚持依法办事。"党的十八大以来，以习近平同志为核心的党中央高度重视依法行政、严格执法在构建体现人民意志的法治格局中的重要地位，他指出："行政机关是实施法律法规的重要主体，要带头严格执法，维护公共利益、人民权益和社会秩序。执法者必须忠实于法律。"其明确强调了行政机关在执行法律、维护法治方面的重要作用，将行政机关忠于法律、严格执法作为维护人民利益和社会秩序的基本保障，进一步强调了执法机关在法治建设中的带头作用。

严格规范执法活动，确保行政权力始终用来为人民服务，最基本的要求在于依法行政，以宪法法律明确行政权力行使的边界，确保行政权力在法治的轨道上有效运行。宪法和法律是党的主张和人民意志相统一的体现，是社会运行的基本规范和人民权益的基本保障，是人民意志的集中体现和规范表达。

严格依法行政，按照宪法法律的要求开展行政行为，将宪法法律的规范通过行政活动贯彻到现实社会生活中，是行政机关贯彻法治要求的基本体现，是构建反映人民意志的法治格局的基本保障。全面推进依法治国，必须坚持严格执法。

法律的生命力在于实施。如果有了法律而不实施，或者实施不力，搞得有法不依、执法不严、违法不究，那制定再多法律也无济于事。我们社会生活中发生的许多问题，有的是因为立法不够、规范无据，但更多是因为有法不依、失于规制乃至以权谋私、徇私枉法、破坏法治。只有严格规范执法活动，做到执法必严、违法必究，使文本形态的法律转化为现实生活中的法律，法律才能真正发挥约束作用，人民权利也才有可靠保障。

行政机关依法行政，坚持按照法律规定行使行政权力，不仅要严格遵循法律设定的权限和程序，还要坚持比例原则，遵循行政的适当性、必要性和相当性，有效维护当事人权益，这也是坚持依法行政、落实行政法基本原则的内在要求。为确保行政行为的合理性，应加强行政复议制度的有效实施，通过对行政行为合理性、合法性的一体审查，纠正行政执法过程中出现的行政不合法和行政不合理行为，合理平衡行政目标的实现和行政相对人权益的保护，使行政机关自由裁量权的行使符合群众要求，维护人民权益，并在法治框架内合理运行。

（2）深化行政体制改革

新时代推进中国特色社会主义现代化建设，必须继续全面深化改革，必须坚持完善和发展中国特色社会主义制度，实现国家治理体系和治理能力现代化。行政体制是国家治理体系的重要组成部分，是行政机关有效行使行政权力、切实保障行政为民的重要依靠。确保权力依法行使，切实服务人民，需要进一步推进行政体制改革，不断提高行政效率，改善行政效能。

"转变政府职能是深化行政体制改革的核心，实质上要解决的是政府应该做什么、不应该做什么，重点是政府、市场、社会的关系，即哪些事应该由政府、社会、市场各自分担，哪些事应该由三者共同承担。"政府是开展社会治理、规范社会运行的重要部门，拥有广泛的行政权力和众多行政部门，但政府权能的广泛性并不代表政府应该和能够处理一切社会问题。改革开放以来，我国逐渐由高度集中的计划经济转向社会主义市场经济，社会生产资源由主要依靠各级政府的指令性计划进行配置转向主要依靠市场通过价格杠杆和竞争机制进行配置，从而极大调动了人民群众的积极性、主动性、创造性，使一切创造社会财富的源泉充分涌流，为当代中国的发展进步奠定了坚实基础。新时代进一步深化行政体制改革，规范权力的合理运行，应当根据经济社会发展的实际需要不断调整政府、市场和社会间的相互关系，确保政府管好该管的，放开该放的，划清权力的运行边界，使政府、市场和社会各自扮演好自己角色，相辅相成、相互补充，在合理范围内发挥应有效能。

深化行政管理体制改革，规范权力切实为人民服务，应当着力严格执法程序，通过规范的执法程序推动和保障行政权力的有效运行，以程序正当保障实体正当，增强行政权力行使的规范性和公信力，为确保行政权力运行合法规范、高效便民提供程序依据。行政权力行使的法定程序不仅是一般的办事流程和行为指南，还是权力行使本身应当遵循的重要规范，承载着确保权力运行公开透明、合法合理的重要功能。构建系统配套、科学规范的制度程序体系，能够确保权力运行受到行政机关内各单位、各部门的相互制约和监督，防止权力运行的暗箱操作，为权力严格依照法律规定运行提供了制度保障。同时，严格透明的权力运行程序能够为群众提供监督权力的基本凭证和有效途径，从而进一步增强行政权力的公信力和可靠性，使行政权力在群众监督下更加自觉地遵循宪法法律的规范和要求，确保行政执法活动按照法律开展、遵循法定原则，最终实现服务人民的执法目标。

阳光是最好的防腐剂，只有大力推进政务公开，将行政权力的运行暴露在阳光下，使行政权力运行的各个环节做到公开透明，才能防止权力的暗箱操作，杜绝权力滥用、以权谋私。全面推进政务公开，坚持以公开为常态、不公开为例外原则，推进决策公开、执行公开、管理公开、服务公开、结果公开。各级政府及其工作部门依据权力清单，向社会全面公开政府职能、法律依据、实施主体、职责权限、管理流程、监督方式等事项。重点推进财政预算、公共资源配置、重大建设项目批准和实施、社会公益事业建设等领域的政府信息公开。政务公开首先是政府职能和权限的公开，必须遵循职权法定的原则，法无授权不可为，明确政府能做什么、不能做什么，避免政府权力的缺失和越位。政务公开还指行政执法过程的公开，使公民了解政府行政行为的具体流程和监督方式，方便群众在了解政府权力运行方式的基础上加强对行政权力运行的监督，及时有效地寻求法律救济，维护自身合法权利。政务公开还指行政权力运行的结果公开，使社会公众都能够了解行政执法的最终结果，避免因权力运行不透明而引起的对公民权利的恣意侵害。全面推进政务公开，有效保障行政执法过程中公民的知情权和监督权，是不断推进行政权力合法合规行使、确保权力切实服务人民的重要保证。

3. 继续强化执法监督

缺乏对权力的监督必然导致腐败，只有不断强化对行政执法权力的监督，才能有效避免权力滥用，确保权力按照法律规范运行，体现人民意志，贯彻人民意愿。习近平总书记指出："权力不论大小，只要不受制约和监督，都可能被滥用。""要加强党内监督、人大监督、民主监督、行政监督、司法监督、审计监督、社会监督、舆论监督，努力形成科学有效的权力运行和监督体系，增强监督合力和实效。"通过行政系统内外各种监督机制的通力配合，形成对行政权力运行全方位、多维度的有效监督，才能预防和制止权力运行过程中的各种腐败现象，有效避免行政权力蜕变为牟取私人利益的工具。

强化对行政执法权力的监督和制约，首先是加强行政机关内部的自我监督和制约。行政机关在所有国家机关中工作最繁多，运行程序最复杂，需要大量的专业知识和丰富的实践经验，其他国家机关和公民个人难以确切了解行政权力运行的具体依据和详细过程，不易形成全面有效的监督体系和问责机制。而行政机关自身通过合理划分职权、强化权力制约等途径形成的内部监督，能够有效防止外部监督因信息缺乏而产生的监督障碍，及时纠正行政权力运行过程中产生的违法、违规现象，确保行政权力的运行始终受到严格监督和有效制约。建立健全行政机关的内部监督，通过政府内部监督机制的不断健全、监督程序的持续完善、监督效能的不断提升，可使行政执法权力的运行始终受到合理的约束和监督。特别是资金使用、权力分配、错误纠正等领域监督制约机制的健全和完善，能够有效防止权力行使过程中贪污腐败、独断专行、以权谋私、徇私枉法现象的发生，将行政权力切实关进制度和法律的牢笼，实现以权力制衡权力、以规则规范权力、以问责约束权力的监督目标，为确保行政权力自始至终受到有效规范提供了坚实基础。

内部监督是行政执法权力监督的起点和重点，在强化行政执法监督过程中发挥着重要作用。但由于内部监督本质上作为自我监督的一种形式，不可避免地存在一定的局限性，需要通过行政机关的外部监督加以补充，通过内部监督和外部监督相辅相成、协调配合，构建起完善可靠的监督体系。在各种各样的外部监督中，其他国家机关对行政机关的监督居于特别重要的地位，包括全国人民代表大会、人民检察院、人民法院以及国家监察委员会的监督。这不仅是因为这些国家机关依照宪法和法律授予的职权通过不同途径、不同方式实现对行政机关的制约和监督，还因为这些国家机关对行政机关的监督具有直接的法律强制力，能够有效避免和及时纠正行政机关的不当执法行为，使公民个人权利得到切实保障。

在各种国家机关的监督当中，监察委员会的监督又具有独特作用和特别重要的意义。2018年制定的《中华人民共和国监察法》第三条明确规定："各级监察委员会是行使国家监察职能的专责机关，依照本法对所有行使公权力的公职人员进行监察，调查职务违法和职务犯罪，开展廉政建设和反腐败工作，维护宪法和法律的尊严。"从而将监察委员会定位为国家行使监察职能的专责机关，合并原有监察部和检察院的监督职能和对职务犯罪的侦查职能，并在此基础上进一步扩大监察范围，统一进行对全体行使公权力的公职人员的监察，统一了监察权力，提高了监察效能。实现对所有行使公权力的公职人员的监察全覆盖是监察法的一大特点。监察法明确对六类公职人员进行监察，涵盖了我国所有行使公权力的公职人员，解决了目前行政监察范围过窄的问题，实现了党内监督与国家监察高度互补，推动了由监督"狭义政府"到监督"广义政府"的转变，增强了监督合力。此外，国家监察委员会还与党的纪律检查委员会实现合署办公，"体现了党内监督和国家机关监督、党的纪律检查和国家监察有机统一"，实现了党的纪律和政纪国法的有机衔接以及党内监督和国家监督的内在统一，为构建全覆盖、高效能的监督体系奠定了组织基础。

强化对行政执法权力的制约和监督，构建全面高效的制约监督体系，规范行政执法权力切实依照法律法规的授权合理运行，确保行政执法权力用来为人民谋利益，还必须重视群众和舆论监督，积极引导人民群众通过法定渠道反映诉求、解决纠纷。人民群众是行政执法行为的相对人和受益者，既受到行政执法行为的直接约束，又是行政执法行为的最终服务对象，因此对行政执法行为的合法性、合规性、合理性具有最直接最切身的认知和感受。加强人民群众对行政执法权力的监督和约束，不断健全行政复议和行政诉讼制度，依法保障公民通过合法渠道、依照法定程序维护自身权益的基本权利，既是有效监督政府行为、防止执法行为任意侵犯公民权利的基本保障，又是促进政府履职尽责，推动行政执法部门积极行使法定职权以维护公共利益的必要保障，在针对行政执法活动的监督体系中发挥着不可替代的重要作用

（二）法治重要的原因

1.历史经验选择

习近平总书记说："历史是最好的老师。经验和教训使我们党深刻认识到，法治是治国理政不可或缺的重要手段。法治兴则国家兴，法治衰则国家乱。什么时候重视法治、法治昌明，什么时候就国泰民安；什么时候忽视法治、法治松弛，什么时候就国乱民怨。法律是什么？最形象的说法就是准绳。用法律的准绳去衡量、规范、引导社会生活，这就是法治。"我们的经验和教训告诫我们，必须选择法治，否则会吃苦头。

2.社会现实要求

当代中国正处于从站起来、富起来到强起来的关键节点上。一个强大的国

家必然要求具有强大的构建秩序的能力。转变发展方式、化解社会矛盾、打击贪污腐败、实现社会正义、保护生态环境等，方方面面都需要有相应的法治能力。只有法治才能构建良好的社会秩序，只有法治才能让国家变得更加强大。因此，要解决当下中国的这些重大问题，只有法治才靠得住，只有选择法治才是出路。

3. 未来发展要求

2012 年中国共产党第十八次全国代表大会把法治确定为治国理政的基本方式。2014 年，中国共产党第十八届中央委员会第四次全体会议提出，社会主义法治必须坚持党的领导，党的领导必须依靠社会主义法治。我们要全面建成小康社会，要实现中华民族伟大复兴的中国梦，必然需要继续坚持法治，只有法治才是支撑国家兴旺发达的强大力量。

（三）依法治国的难点

1. 缺少限制权力的手段

依法治国的核心是依法治权、依法治官，要把"权力关进制度的笼子里"。我国的法治建设由政府主导推进，伴随着法治进程的深入，其局限性也会日益暴露，公权力将面对"自己的刀削不了自己的把"的尴尬局面，法治将面临重重阻力。如何有效控制权力，让权力在既定的规则框架内，在保障社会自由与权利的同时，按照法治的方式和原则治理社会，是当前依法治国的难点。

2. 缺乏法治传统

我国几千年的封建专制历史，有法律制度却无法做到法律面前人人平等，有人治而无法治。我国古代自春秋战国时期就产生了自成体系的成文法典，至汉唐时期已较为完备。然而，虽有立法，法律却只治民而不治官、不治权。权大于法，法律成了权力的奴婢。"君为臣纲、父为子纲、夫为妻纲"是专制的集中表现，也是立国之本。虽有"五常"（仁义礼智信）试图缓和"三纲"的专制紧张，却无法从根本上动摇专制的本质。

中华人民共和国成立后，我们废除旧法，创建新的法律体系。邓小平同志说："旧中国留给我们的，封建专制传统比较多，民主法制传统很少。新中国成立以后，我们也没有自觉地、系统地建立保障人民民主权利的各项制度，法制很不完备，也很不受重视。""文化大革命"结束之后，我们痛定思痛，只有认真建立社会主义民主制度和社会主义法制，才能解决问题。

当今中国，法治建设与改革开放相伴而行，其成就有目共睹。然而，在封建传统的惯性下，一些人置党纪国法于不顾，玩弄法律于股掌之间，法律成了摆设。一些领导干部，虽然也畏惧党纪国法，却缺少现代干部所应当具备的法治意识、法治素养与法律思维，决策办事不遵循法定程序、缺少法律依据。

（四）依法治国的实现路径

1. 坚持中国共产党的领导

近代史上曾经出现过各种各样的法治思想，也曾经走出了许多条不同的法治道路，唯有中国共产党所提出和坚持的法治道路给中国人民带来了真正当家作主的权利。戊戌变法是资产阶级维新派发动的，旨在通过引入资本主义的政治经济制度来改良清朝政府，希冀清朝政府设立议院、出台宪法，走君主立宪制的法治建设道路，但封建王朝不允许这样的构想付诸实施。戊戌变法仅开展 103 天即宣告失败，改良派希图建立的资产阶级法治道路没有获得成功。为了延缓清朝政府的寿命，清朝政府也曾想借助法治建设来收买人心，并提出预备立宪活动，但这些活动的本质是加强清朝政府的统治，继续维护封建统治阶级的利益，在中国不可能取得成功。辛亥革命之后，"中华民国"希望走资产阶级宪政的道路，但也没有取得成功，虽然孙中山提出了完整的建国方案和法治思想，如提出五权宪法，即在立法、行政、司法三权之外，增加考试权和监察权，具有历史的进步性。但是由于资产阶级本身的软弱性，虽然进行了一系列法治建设活动，但是被迫把革命胜利的成果交给北洋军阀，致使革命成果遭到袁世凯的窃取，之后历届北洋政府内部不断争权夺利，宪政、议会等只是官僚、政客们争权夺利的工具。国民党组建政府之后，南京国民政府以西方法治道路为蓝本，开启的是为资产阶级服务的法治道路，人民在这样的法治道路中是处于从属地位的，最终演变成蒋介石的个人军事独裁统治。从清末戊戌变法到国民党建立的法治体系，都是对西方法律学习和移植的结果，希望建立的是西方资本主义法治的制度和体系，实质是资产阶级为主体的法治道路，最终都归于失败。虽然它失败的原因是多方面的，比如外国入侵、封建保守主义力量强大等，但根本的原因还是没有确立以人民为主体的法治道路，没有把人民放在主体地位上，没有认识到人民群众的伟大力量，所以也就不可能得到广大人民群众的支持和认同。这意味着移植西方式的法治道路是不可能成功的。新中国成立后，在中国共产党的领导下，中国走上了一条以人民为主体的法治道路，社会主义法治建设才取得了成功。

综上可见，只有在中国共产党的带领下，走社会主义道路，社会主义法治建设才能不断发展，才能使人民获得更多的权利，人民才能真正当家作主。离开党的领导，中国法治建设可能还在黑暗中摸索前进。中国的法治道路是以人民为主体的法治道路，这和中国共产党的根本宗旨是一致的。只有加强党的领导，确保党的执政地位，提高党的执政能力，社会主义法治道路才能不断完善，社会主义制度才能不断巩固，国家才能长治久安。一些别有用心的人曾提出在我国搞"三权分立""司法独立"，其背后的用意在于否定党对社会主义法治道路的领导，取消党的执政地位，最终目的是要否定人民的主体地位，危害人民的根本利益。这是不能被我们接受的，对此我们一定要有清醒的认识。

从我国法治道路的形成和发展过程可以看出，适合我国国情的只能是以人民为主体的法治道路。我们要自主选择自己的法治道路。这条道路是历史和实践发展的结论，也是中国共产党领导中国革命和建设的基本结论之一。习近平总书记强调："世界上没有放之四海而皆准的具体发展模式，也没有一成不变的发展道路。历史条件的多样性，决定了各国选择发展道路的多样性。"法治道路的选择同样如此，一个国家法治道路的选择不仅要遵循法治建设的一般规律，更重要的是要结合本国特定的历史条件和现实条件。法治是现代国家的一个共同选择，但是走什么样的法治道路，每个国家必须依靠自己的国情做出适合自己的选择。也就是说要把法治的一般理念和本国的具体国情结合起来，生搬硬套别国的法治道路势必会南辕北辙，遭受严重的挫折和失败。如英国"光荣革命"之后采取了君主立宪制、美国经历独立战争和南北战争之后建立总统制，这些国家法治道路的选择都与其历史文化传统和国情有着紧密的联系。我国是一个历史悠久、人口众多的大国，有着长期的封建专制的历史，生产力发展水平相对较低，普通大众的法治意识较为淡薄，在这样的一个大国进行法治建设，道路的选择至关重要。我们可以借鉴世界上其他国家关于法治建设的有益经验，但是绝不能全盘照搬，以西为尊。例如"二战"后兴起的一些民族独立国家在选择西方式的法治道路之后，并没有真正实现法治，反而导致国家政局动荡，百姓的民主权利没有得到有效保障。历史已经告诉我们，走中国共产党领导下的中国特色社会主义法治道路是中国人民的正确选择，这是一条通向现代化法治国家的康庄大道。我们一定要在中国共产党的领导下，在习近平新时代中国特色社会主义思想的指引下，坚持走以人民为主体的法治道路。

2. 科学立法

（1）完善中国特色社会主义法律体系

2011年，中国特色社会主义法律体系基本建成，这在我国法治进程中具有里程碑的意义，表明大立法时代告一段落，有法可依的目标已经实现。2014年，党的十八届四中全会引用"良法"的概念，并提出了"良法善治"的理论："法律是治国之重器，良法是善治之前提。"2017 年，党的十九大报告指出："以良法促进发展，保障善治。"正如法学家张文显教授所说，良法善治的理论和实践超越了工具主义法治和形式主义法治的局限，是现代法治理论的重大创新。

良法是善治的前提，立法质量关乎法治质量。"良法的标准表现为三个方面：在法的内容方面，必须合乎调整对象自身的规律；在法的价值方面，良法必须符合正义并促进社会成员的公共利益；在法的形式方面，良法必须具有形式科学性。"我国的一些法律法规还未能反映社会发展规律和人民意愿。我们有时会遇到这样的现象：法律与法律之间"打架"，"土法"与"国法"之间冲突，令人无所适从；一些领域的法律法规跟不上形势发展；有些法律法规可操作性差，形同虚设；有些法律法规衔接配套不够。法律先天不足会使法治实施陷入困境。要建成法治国家，必须提高立法质量，夯实"良法善治"的根基。

中国共产党第十八届中央委员会第四次全体会议强调深入推进科学立法、民主立法，使每一项立法都符合宪法精神、反映人民意志。我国宪法明确了统一且分层次的立法体制。《中华人民共和国立法法》对全国人大、国务院、中央和地方的立法权限进行了划分，对于立法程序、法的适用规范以及备案审查制度进行了全面规范。伴随着经济发展与改革的深化，立法工作肯定会遇到新问题、新情况，下一步我们要继续完善立法体制机制与程序。为进一步提高立法质量，避免立法浪费，开门立法应成为立法工作的常态。要健全立法机关和社会公众沟通机制，建立基层立法联系点制度，进一步拓展公众参与立法的渠道，搭建公众表达立法意见的平台，建立意见采纳及反馈机制，力争使法律法规接地气，具有广泛的民意基础。总之，"法者，国之权衡也，时之准绳也"。立法是建设法治中国的头道"工序"。立法的完善离不开法治实践的推动，而科学立法、民主立法的推进，也必将为法治中国的建设奠定坚实的基础。

（2）加强宪法实施与监督

宪法贵在实施。宪法的实施，是指宪法在现实生活中的运用和体现，它是宪法精神、原则以及规范在国家权力运行和公民权利保障中的贯彻和落实。宪法在治国理政中发挥着举足轻重的作用，必须完善健全宪法实施制度。由于历史和现实的多重原因，我国宪法和法律缺乏必要的权威性和有效性，一些人认为宪法原本就不是用来实施的，一些人不把宪法和法律当回事，你规定你的，我做我的，藐视宪法、有法不依的现象仍然存在。无论在直观感受上，还是数据统计上，宪法和法律被遵守的情况在我国都不容乐观。这种巨大反差使我们必须切实维护宪法和法律的权威与尊严，通过宪法的有效实施，使其成为国家政治生活的最高准则，成为社会大众在日常生活中的行为准则和生活规范，这是今后我国法治建设的重中之重。

宪法的生命力和权威在于实施，依法治国首先在于依宪治国。要实现依法治国，就要保证宪法的最高法律效力。在法律体系中，宪法是国家根本大法，集中体现党和人民意志，体现人民当家作主。坚持依法治国首先要坚持依宪治国，坚持依法执政首先要坚持依宪执政，当前最关键的就是要加强宪法实施和监督。"全面贯彻实施宪法，是建设社会主义法治国家的首要任务和基础性工作。"宪法本身也需要不断发展和完善，2018年第十三届全国人民代表大会第一次会议通过的《中华人民共和国宪法修正案》对宪法进行了充实和完善，使其与中国特色社会主义新时代相适应。

宪法实施是国家机关、社会组织和公民个人遵守和执行宪法的具体条文规定与原则精神的活动，是指宪法具体条文规定与原则精神在现实生活中的贯彻落实。我国现行宪法自实施以来，在国家与社会生活中发挥了重要作用。但是，宪法的实施状况仍然不尽如人意，不同程度的违宪现象依然存在。要使宪法真正落地实施，还需进一步努力。第一，加强以宪法为首的完整统一的法律体系建设，一切法律法规的制定与执行都要合乎宪法这一国家法制的最高标准。第二，普及宪法理念，培育全社会尊宪、守宪、执宪与护宪的宪法文化。在适用法律时，根据宪法的规定和精神解释法律条款，使宪法的理念与精神融入行政执法、司法和社会生活中去，促使人人心中有宪法，人人讲宪法。第三，切实强化宪法监督的机制与程序，对于违宪文件与行为的认定标准、追究程序与处罚措施应当做出细化规定。宪法监督既包括对规范性文件的违宪审查，也包括对国家机关工作人员言行的违宪评价，最终还是要施行宪法诉讼制度。如果社会仍然出现"黑头不如红头，红头不如白头，白头不如低头，低头不如口头"的现象，如果公民的宪法权利受到侵犯却投诉无门，宪法的权威就无法真正树立。

（3）建立公正为民的法律体系

法治环境的创建要从立法工作开始，形成完备的法律体系。要推进科学立法，推进良法善治。科学立法要从民主立法开始。拓宽人民有序参与立法的途径，使人民参与到立法的过程当中，人民的利益才能在立法环节得到维护，所立之法才能体现民意、代表民意。科学立法的过程要公开透明，从公开征集立法项目开始，就要及时公布立法的规划和议程，向公众公布法规草案，采纳公众合理建议等。只有开门立法，吸收采纳人民的意见建议，所立之法才能是体现人民意愿的法律。

不仅如此，科学立法还要遵守一定的立法程序。对于立法的基本程序和立法环节一定要严格遵守，这是立法的基本要求。提高立法水平还要提升立法技术，重视立法过程中的技术理性，对于专业技术问题，可以邀请相关专家进行研讨会商，而不是人为地简单处理。要做好立法评估工作，对于立法的效果要进行科学的分析和评估。立法评估要以立法质量为出发点，评估立法是否能够体现人民主体的价值观、表现公正为民的法治理念。

3.依法行政

建设法治政府是建设法治国家的关键。党的十七大、十八大提出在2020年前后基本建成法治政府。《中共中央关于全面推进依法治国若干重大问题的决定》指出：各级政府必须坚持在党的领导下、在法治轨道上开展工作，加快建设职能科学、权责法定、执法严明、公开公正、廉洁高效、守法诚信的法治政府。并且规定了有关推进依法行政，加快建设法治政府的六个方面比较具体的改革任务：依法全面履行政府职能，健全依法决策机制，深化行政执法体制改革，坚持严格规范公正文明执法，强化对行政权力的制约和监督，全面推进政务公开。建设法治政府的根本目的是造福人民、保护人民。政府在法治轨道上全面履行职能，全心全意为人民服务，是法治政府的根本要求。

党的十九大报告提出，到2035年，法治国家、法治政府、法治社会基本建成。调整法治政府的建成时间，是我们理性审视法治政府建设不充分、不平衡的现状，综合考虑各种因素做出的判断，是符合科学的修正。法治政府与法治国家、法治社会本身是相互关联的，任何一个都不可能单独提前建成。

我们的法治政府建设面临许多的困境和难题，突出表现在：一是公权力不受约束。学者梁文道曾说："当前中国最大的问题不是缺乏常识，而是常识的矛盾；不是价值的虚无，而是价值观念与社会现实间的断裂。"法治政府所要求的有限政府与政府职能的无限形成了突出的矛盾。二是转型中国社会矛盾剧增。当前依法行政中的主要问题集中在五大领域：住房保障与房屋管理、公安、人力资源与社会保障、工商管理、规划与土地管理。一些领导干部和工作人员缺少法治思维，具体表现在：认定事实不清，适用法律错误，不履行或不正确履行职责，不遵守法定程序，不具备用法治思维和法治方法预防、减少、有效化解社会矛盾，维护稳定的能力。这些状况阻碍了法治政府建设的进程。

依法行政要真正落实绝非易事，清权、确权、晒权、制权，是建设法治政府的前提。若权力不受约束，无异于留下一道致命缺口，整个法治体系都可能遭受破坏。为了实现依法行政，核心问题是规范行政权力的运行。我们要建设职能科学、权责法定、执法严明、公开公正、廉洁高效、守法诚信的法治政府，就要做到：第一，必须实现行政责任的法定化、具体化，推行政府权力清单制度。政府不能缺位，也不能越位，只能到位，而衡量是否到位的唯一标尺应是法律的职权设定与职责要求。权力的来源要有法定授权，只有明确了权力清单，政府才知晓什么可为，什么不可为，才能方便民众监督。然而，若没有倒逼的力量，要让政府放弃已有的权力，难度较大。第二，要大胆限权，即法无授权不可为，这来源于卢梭的《社会契约论》、孟德斯鸠的《论法的精神》中的相关表述与延伸。公民的权利与自由具有天然正当性，不需要国家法律授予；而任何旨在限制和剥夺公民权利的公权力必须有法律明确授权。第三，要规范用权。要树立法治思维，依法按权限和程序办事，把权力关进制度的笼子里，既不可乱作为，也不能不作为，该干的事就干好，不该干的事坚决不干。必须严格执法，明确具体的操作程序，重点规范行政处罚、行政强制、行政许可、行政检查、行政征收、行政收费等行政执法行为。严谨科学的执法程序是依法依规执法的制度保证。要进一步健全行政裁量权的基准制度，细化执法标准操作规程，规范行政裁量的范围、种类和幅度，防止权力的任性与随性；进一步推进行政执法全过程记录制度的建设和实施，把行政执法责任制落到实处。第四，要加强行政监督。完备的监督制度是依法行政的保证。从外部看，要加强对行政工作的党内监督、人大监督、监察监督、行政监督、司法监督、审计监督、民主监督、社会监督、舆论监督的制度建设，整合监督力量，形成全方位、立体式监督。从内部看，要建立政府内部层级监督和专门监督、上级机关对下级机关的监督等常态化、制度化的监督制度。

各级政府只有依法行政、依法决策、依法严格规范公正文明执法、公开透明、不枉不纵，才能彰显法治权威、提高政府威信、增强人民群众的法治获得感。

4.司法改革

（1）健全司法权运行机制

制度具有全局性、长期性和稳定性，在规范人类社会生活的方方面面发挥着基础性作用。推进公正司法，确保人民在每一个个案中都感受到公平正义，应当不断健全司法权的运行机制，通过权力的合理配置和程序的不断改进推动司法权力的公正行使，以健全配套、科学合理的制度确保司法权力在法律法规的规范内有效行使，使司法权力真正维护人民利益、体现人民意志。

健全司法权的运行机制，首先要推动司法职权的合理配置。这既包括不同司法机关间横向权力配置不断优化，推动形成相互配合又相互制约的司法权力架构；

又包括根据实际需要不断调试业务指导关系和行政领导关系；还包括各类具体机制设计和程序性制度，推动司法活动的规范化程度不断提升。司法职权配置的合理与优化程度，直接关系到司法公正的实现程度。中国从消除影响司法公正的体制性障碍出发，加强司法机关内部机构制约，理顺上下级法院、检察院的审判、检察业务关系，规范完善再审程序，建立统一的执行工作体制和司法鉴定管理体制。这些改革提高了司法机关公正司法的能力，有助于维护社会公平正义，满足民众对司法公正的新期待、新要求。通过司法职权的合理配置，可以促进各司法部门权力的有序行使和合法运行，推动审判工作、检查工作、执行工作的衔接顺畅、运转协调，进而实现司法运行机制的不断健全。

诉讼因其严格的制度设计和较高的法律权威，在各种适用法律解决纠纷的途径中居于重要地位，健全司法权运行机制，保障司法权力合法运行，应当不断深化诉讼制度改革，使诉讼制度更好地满足人民对公正适用法律的基本需求。审判是各级人民法院以法律为依据、以事实为准绳审理案件并做出判决的活动。由于审判环节在诉讼过程中发挥着认定事实、适用法律的重要作用，因而处于诉讼活动的中心。"推进以审判为中心的诉讼制度改革，目的是促使办案人员树立办案必须经得起法律检验的理念，确保侦查、审查起诉的案件事实证据经得起法律检验，保证庭审在查明事实、认定证据、保护诉权、公正裁判中发挥决定性作用。这项改革有利于促使办案人员增强责任意识，通过法庭审判的程序公正实现案件裁判的实体公正，有效防范冤假错案产生。"只有不断严格审判程序，严格按照法律规定开展审判活动，确保法庭审判成为认定事实、适用法律的决定性环节，才能有效树立法律判决的权威性，增强诉讼制度设计的实效性，确保诉讼制度按照法律规定运转，防止冤假错案发生，有效保护当事人的诉讼权益，满足当事人对于程序正义和实体正义的需求。

司法公正是社会公正最基本的保障，司法腐败则是最严重的腐败。司法活动的本质是将法律运用于个案当中，依照法律规定做出判决，达到定纷止争的社会效果。如果出现司法腐败，则司法机关也由法律的适用者变成了少数人利益的维护者，必然导致司法公正的丧失，引起公民不满和司法公信力的丧失。同时，司法裁判以其严谨性和终局性而具有很高的权威性，一旦司法因为腐败而做出错误判决往往很难补救，将给当事人造成难以挽回的损失。习近平总书记指出："我们一定要警醒起来，以最坚决的意志、最坚决的行动扫除政法领域的腐败现象。要健全和完善政法机关分工负责、互相配合、互相制约的权力运行监督和制约机制，通过完善的监督管理机制、有效的权力制衡机制、严肃的责任追究机制，加强对执法司法权的监督制约，最大限度减少权力出轨、个人寻租的机会。"杜绝司法腐败，应当进一步健全和完善政法部门间权力的配合与制约关系，实现法院、检察院、公安机关和监察委员会之间的分工负责与相互配合，通过权力的相互制约避免一权独大、徇私枉法，最大限度减少权力违法行使的机会。同时应当实行更为严格的责任追究制度，对司法过程中出现的腐败现象从严处理，从重处罚，形成快捷有效的反腐态势。

（2）司法的去地方化和去行政化

公平正义是法治的生命线，司法机关是维护社会公平正义的最后一道防线。司法公正对于社会公正具有引领作用，司法不公会给社会公正带来致命的破坏。过去司法广受诟病的问题主要有两个：一是司法地方化；二是司法行政化，"审者不判，判者不审""集体决策，无人负责"。司法的地方化和行政化问题造成了一些严重的后果，形形色色的潜规则成为冤假错案幕后的推手，极大地伤害了司法公信力。

①司法要去地方化

谁控制了法官的薪水，谁就控制了法官的脑袋。司法的人财物若受制于地方政府，司法机关就会成为地方保护主义的工具。司法机关不应当成为地方政府的一个工作部门，受制于地方政府，不能为了支持地方政府工作或是为了地方维稳就以丧失司法的居中裁判地位、牺牲司法的权威为代价。司法机关正在探索设立跨行政区划的人民法院和人民检察院，办理跨地区案件，使行政区划与司法机关适当分离，排除地方的干扰。在全国范围内设立最高人民法院巡回法庭，审理跨区域的重大行政和民商事案件是一个好的开始，有利于净化司法环境。

②司法要去行政化

一是废除下级法院对上级法院的案件请示制度。上下级人民法院之间是审判监督关系，而非垂直领导关系，如果下级法院对上级法院进行"请示汇报"，则上诉审程序形同虚设。二是废除院长、庭长案件审批制。如果审案者不判，判案者不审，那么合议庭法官就成了领导的传话筒。可想而知，裁判结果不是源于法律规定与法官的良知，而是源于院长、庭长的喜怒哀乐。

③改革审判委员会制度

审判委员会讨论案件的范围，原则上仅限于涉及国家安全、社会稳定的重大复杂案件，合议庭存在重大分歧、需要提请审委会讨论的疑难案件。案件的事实认定问题应当由直接审理案件的合议庭法官做出裁判；对于法律适用问题存在争议的可以提交审判委员会讨论决定。

（3）推进以司法责任制为核心的改革

"责任伦理"是司法职业化的必然要求和重要组成部分，它要求司法主体尊重司法的客观性和法治原则，做到权责一致，体现"审理者裁判，裁判者负责"的责任担当。2015 年 2 月 26 日，最高人民法院发布了《关于全面深化人民法院改革的意见》，司法机关围绕"努力让人民群众在每一个司法案件中感受公平正义"的目标，在司法领域展开了大刀阔斧的改革，开展了深刻的自我革命。主要为完善"主审法官、合议庭办案责任制"，改变以往案件层层审批制度，采用"1+N+N"模式，一位主审法官带 N 个法官助理和 N 个书记员负责办理案件，形成办案团队，采取"谁办案谁负责"的原则，判决书经由合议庭成员连署签名后签发。这种模式构建了以法官为责任主体的权力运行生态，通过司法责任制改革赋予法官权利，明晰法官的责任和义务。改革措施有利于充分发挥法官的积极性，增强法官的使命感和责任感，使法官能真正根据法律法规和内心良知认认真真、踏踏实实处理案件，进一步提高审判质量。当前，以司法责任制为核心的司法改革正在全国全面铺开。下一步，要做好调研和经验的推广工作，不断巩固和扩大司法责任制的改革成果。

（4）推行审判中心主义改革

"以审判为中心"具有以下两层含义。

①刑事诉讼以审判为中心

在诉讼过程中，侦查阶段、审查阶段和法律监督都不能作为诉讼的中心，应当努力克服侦查中心主义、公诉中心主义和法律监督中心主义。

②审判以庭审活动为中心

审判应当以庭审活动为中心，而不是以庭外阅卷和向领导的请示汇报为中心。公安机关、检察院提供的证据，必须经过法庭举证、质证，才能确定法律效力，成为认定案件事实的依据。作为案件的居中裁判者，法官在审查证据时应具备"亲历性"。第一，任何证据必须在法庭上经过直接举证和质证，才能成为法官认定案件事实的依据。第二，只有直接审查证据的法官才能参与案件事实的判决。通过保障律师辩护权的行使和裁判者居中裁判，实现控辩双方的平等对抗，可使庭审活动真正成为刑事诉讼的中心环节。

因此，"以审判为中心"就是要确保审判程序在刑事诉讼中的核心地位。不是由侦查机关、检察机关决定犯罪嫌疑人、被告人是否有罪，而是由审判来决定。实质上，以审判为中心就是在诉讼过程中，以司法审判的标准为中心。过去，由于"以审判为中心"的理念缺失，在诉讼过程中存在大量的"侦查中心主义""案卷中心主义"以及庭审"虚无化""形式化",即由案件事实的侦查结论发挥对审判的决定性作用,庭审失去实质意义,法院沦为侦查机构办理定罪量刑手续的工具。"以审判为中心"的刑事诉讼制度改革,就是使刑事诉讼构造更加符合诉讼规律,充分保障被告人的法定权利,理顺公检法三机关之间的关系,加强相互制约,削弱相互配合,杜绝三机关联合处理案件的做法,真正实现庭审实质化,最大限度地防止冤案发生,提升司法公信力。

中国共产党第十八届中央委员会第四次全体会议提出,要推进以审判为中心的刑事诉讼制度改革。2016 年 6 月,中央全面深化改革领导小组通过了《关于推进以审判为中心的刑事诉讼制度改革的意见》,对此项改革进行了具体安排。推进以审判为中心的刑事诉讼制度改革,将充分贯彻落实证据裁判规则和证据规则,这对司法工作人员提出了更高的要求。司法人员要遵循三大诉讼理念,即无罪推定规则、证据裁判规则、控辩平等规则,提高证据意识和证据的运用能力。此外,为使庭审实质化,还需要相关配套措施的改革完善。例如,落实证人、鉴定人出庭作证制度,完善案件分流制度,扩大法律援助制度的适用范围,等等。

（5）实行法官任职终身制

实行法官任职终身制,保证法官在任职期间薪水不能减少。如果做不到这两点,法官很难独立审判。如果法官不能终身任职,他们会担心职位被撤走,任期内的工资减少,从而难以独立行事。对省级以下司法系统的人、财、物进行统管,设立巡回法庭,也许只是一种过渡性的方法,但并非实现司法公正的终极途径。

5. 全民普法

法律的权威来自人民的内心拥护和真诚信仰。法律写在纸上并不一定管用,只有深入人心才有真正的力量。西方发达国家在大规模法治建设之前,大多经历了席卷全社会的思想启蒙运动,培育了公民的权利意识、规则意识和法治精神,为推行法治扫清了观念上的障碍。而在中国人们既希望依靠法治来维持秩序,又想方设法使权力不受法律约束。从某种程度上来说,法治并非我们发自内心的真诚信仰,而是有着无奈的被动选择。

在法律移植与法律继受之后,我们已经初步建成中国特色社会主义法律体系。然而如何让法律成为官员与民众的普遍信仰,是我国法治建设中一个棘手的问题。法律制度是法治国家的骨骼,而全社会的法治信仰则是血肉与灵魂。要建设真正的法治国家,不仅要有健全的法律制度,更要有公民的法治信仰,两者缺一不可。如果信仰缺位,即使制度设计再完美,推行起来也举步维艰,甚至有夭折的危险。

法治观念的提升是法治意识增强的基本前提，法治教育的普及则是进一步推进全体公民守法用法的重要保障。不断推进全民守法，引导公民通过法律途径理性表达利益诉求，按照宪法和法律的规定管理社会事务，需要继续推进法治教育，提升法律普及水平。

良好的法律制度的制定有赖于大批具有专业法律知识和崇高法律理想的法治工作者，而法治工作者的培养则有赖于高等院校的专业教育。充分发挥高等教育在法律人才培养过程中的主渠道作用，大量培养社会主义法治建设所必需的法律专门人才，是继续推进法治教育、不断提升法律普及水平的应有之义。

中国现在一些公民缺少法治信仰，因此，培养具有法治信仰的公民，以人们内心的原动力支撑起法治的精神层面，就成为当下我国法治建设中最艰难、最复杂、最关键的环节。如何提升公民的法治信仰？第一，培育公民的权利意识。公民权利意识与法治信仰两者互相推动。权利意识增强，表明对于法律条文和法律所包含价值的认同度高，进而萌发法治信仰；而坚定的法治信仰也会促使公民权利意识进一步增强。因此，要培育公民的权利意识，引导民众主动遵守法律，而不是屈服于国家强制与威慑被动服从法律。第二，把法治信仰的培育与市场经济建设结合起来。市场经济本身就是倡导公平、自由竞争的法治经济。只有当民众意识到法律是自己参与各种经济活动的保护神而非障碍时，他们才会产生对于法律的归属感与依赖感，才能逐步树立对于法律的信心与信任。第三，加强对公职人员的教育和管理，增强其法治意识。公职人员是否具备法治信仰直接影响到一般公民对于法律接纳与否，如果公职人员知法犯法，却缺失抽象行政行为的合理性审查机制，则法律运行的稳定性将遭到破坏，公民的法治信仰也会随之消解。因此，既要切实加强公职人员的素质教育，又要健全民主考核评估和民主监督制度，进一步约束公职人员的职务行为。第四，加大对违法典型的宣传力度，使民众树立对法治的信心。要重视反面教材的作用，对违法典型案件进行广泛宣传，能起到很好的法治教育的效果，能树立起民众对于法治的信心和信仰。一起有社会影响力的大案、要案依法公开审理，远胜于几百场普法报告。

6. 培育法治人才

法治人才是指拥有丰富的法律知识，掌握一定的法律技能，能够服务于中国特色社会主义法治建设，具有法治精神和法治思维，从事立法、执法、司法、法律服务等工作的专门人才。法治人才活动于法治领域，是法治事务方面的专家，具有正规化、专业化、职业化的特征。在推动中国特色社会主义法治体系的建设过程中，法治人才的培养至关重要。国家的法治工作队伍包括从事立法工作的人员、从事执法工作的人员、从事司法工作的人员，还包括法律服务人员以及从事法学教学研究的专家队伍。建设法治国家必须依靠高素质的法治工作队伍。"徒法不足以自行"，法治的推行离不开人的因素，立法、执法、司法等工作都必须由高素质法治人才组成的队伍来参与才能产生良好的效果。

（1）加强法治工作队伍建设

建设高素质法治专门队伍、培养德才兼备的法治专门人才是全面推进依法治国的重要任务。为此，不仅要提高法治专门人才的业务素质，培养具有法治思维和法治精神的法治人才，而且要加强思想政治建设。要培养一批忠于党的事业、维护人民利益、崇尚宪法至上理念的新时代的法治专门人才，如此才能快速推进我国的法治建设。

从立法工作来看，高素质法治工作队伍是指立法者在立法工作中能够代表人民群众的根本利益，能够以系统的法学知识和专门的法学思维从事立法工作，制定出符合中国特色社会主义法治体系要求的良法。所谓良法，即捍卫人民的权利和自由、防止暴政、制裁犯罪、维护正义的法律。立法者要以制定良法为目标，提高立法质量，为此必须建设高素质的立法工作队伍。我国的立法工作队伍包括人民代表大会的工作人员，也包括享有立法权的行政机关的立法工作人员，还有最高人民法院和最高人民检察院中起草司法解释的工作人员。立法工作队伍必须不断提高自己的专业知识水平，提高思想政治素质，努力提高立法质量。为此，要实施立法人才发展战略，鼓励和吸引高素质的法治人才参与立法工作，面向社会选拔优秀的立法人才。比如，可以吸收社会上学历较高、业务熟练的资深律师参与立法工作。还要提高立法人才的待遇，使其成为社会发展的中坚力量。

从执法工作来看，建设一支思想政治素质高、业务能力强的行政执法队伍至关重要。我国正处于一个社会深刻变革的时期，社会利益关系复杂化，人们思想观念的差异越来越大，这对于我们的行政执法工作提出了严峻的挑战。为此，不仅要建立统一的行政执法队伍，而且要积极吸收具有法治思维和法治精神的法治人才到行政执法的工作岗位上来。

从司法工作来看，高素质的司法工作者是促进公正司法的基本条件。司法公正是由司法工作者决定的，没有司法工作者的清廉、高效和公正，法律对于社会和人民群众的保障作用就是一句空话。所以，以法官、检察官为主体的司法工作队伍的建设至关重要。首先，要完善法律职业准入制度，健全国家统一法律职业资格考试制度，从入口处严格管理，选拔出优秀的法学人才充实法官、检察官队伍。其次，要从符合条件的律师、法学专家中招录法官、检察官，确保法官、检察官具有较高的法律能力。最后，要建立法官、检察官逐级遴选制度，保障法官、检察官的逐级晋升通道畅通，使基层法官、检察官能够通过一定的通道进入上一级法院和检察院。司法工作者要坚定职业信仰，把维护人民群众的利益作为自己职业的根本，让人民群众在每个案件的审理过程中都能感受到司法的公正和法律的尊严。

（2）加强法律服务队伍建设

律师是法律服务队伍的主体。对于我国而言，加强律师队伍建设的任务更加艰巨。我国律师队伍的建设起步较晚，随着市场经济的发展和法治建设的不断深入，律师群体在依法治国当中发挥的作用越来越重要。所以，应该加大对律师群体的重视，加强对这一群体的支持和引导，发挥其在法治建设当中的作用。

首先，要加强对律师的思想政治教育，把律师队伍建设成一支支持走社会主义法治道路、服务于社会主义法治建设的专业队伍。我国的律师本质上是社会主义法律工作者，要为当事人提供专业的法律服务，而且也是社会主义法治的建设者，承担着维护司法公正、推进法治建设的重任。所以，律师必须坚持正确的政治方向，不能成为社会主义法治道路的破坏者和阻碍者。

其次，要提高律师的业务水平，增强其为人民群众服务的职业能力。律师是专业法律服务人才，必须具有扎实的法律业务知识和能力，才能为广大人民群众提供专业的法律服务，律师群体应该自觉提高自身的业务水平，不断进行法律知识的学习。要加强对律师的业务培训和指导，把以往单打独斗式的执业方式转变为团队式的执业方式，防范执业风险，提高整体执业能力。

最后，要加强对律师行业的管理，规范律师职业行为，对于违反职业操守和职业道德的行为要及时加以处罚，完善准入和退出机制，使不合格律师能够自动退出律师队伍。司法行政机关是政府监管律师行业的职能部门，要发挥好自身的职能，完善制度管理，加强对律师市场秩序的维护。发挥律师协会的自治作用，一方面要通过律师协会来保障律师的合法权利，维护律师正常执业的环境；另一方面要对律师进行职业道德和执业纪律的检查、监督和管理，共同维护律师行业秩序的正常运行。

公证员、基层法律服务工作者和人民调解员也是我国法律服务队伍的重要组成部分，对于我国的法治建设有着不可替代的作用。要发挥好公证员、基层法律服务工作者和人民调解员的作用，提高他们的法律素养，发挥他们服务基层人民群众的作用，把基层法律工作做得更加扎实有效，为我国法治环境的建设添砖加瓦。法律服务志愿者可以辅助法治工作的推进，可以加强法治的宣传工作，使法治的观念深入每个老百姓心中，可以解决一些地方和基层法律服务资源不足的问题，所以必须重视这一群体的重要作用。

（3）加强法治人才的培育

法治人才是进行法治建设的根本。培养法治人才，要坚持以下几个原则。

第一，培育法治人才要坚持本土与国外并重。一方面，法治建设必须从本土出发，借鉴和吸收中华传统法律文化的精华，结合我国国情，用中国理论解决中国问题，不能照搬国外法学理论。另一方面，法学人才的培育要有国际眼光，现在是全球一体化的时代，要适应经济全球化，就必须培育通晓国际法律知识、掌握国际规则的人才。

第二，培育法治人才，要使技能和品德并重。大学的法学教育要培育德才兼备的法治人才。如果从事法律学习的大学生的品格低下，是不可能真正信仰法律，不会真正具备法治精神的，这样的人虽然具有丰富的法律知识和法律技能，但是将来毕业后在社会中只是法律知识的贩卖者，不会成为法治社会的建设者，不会成为法治精神的传播者。所以我们的法学教育不仅要培育法律素养，传授法律知识，更重要的是立德树人，培育具有法治精神和高尚品格的德法兼修的人才。要解决好培养什么样的人、如何培养人以及为谁培养人这个根本问题，要把思想政治工作贯穿于法学教育教学全过程，使大学生不仅具备精深的法学理论，而且能够成为忠于党、忠于国家、忠于人民、忠于法律的法治人才。

第三，培育法治人才要注重理论与实践的结合。法学教育不仅要注重法治理论的传授，而且要从实践入手，注重理论与实践的结合。法学教育的目的是解决现实生活中发生的各种法律问题，因此，要处理好知识教学和实践教学的关系，在加强理论教学的同时，引入优质的实践教学资源进行实践教学，使学生能够在实际的法律案件的审理过程中，在法治工作的推进过程中学习法学理论，树立法治精神。

要对法学教学和科研人员进行系统的马克思主义法治教育，特别是加强对中国特色社会主义法治理论教育，让他们成为对中国特色社会主义法治理论的坚定支持者和拥护者，不仅要有理论自觉而且要有理论自信。我国的法治理论教育起步较晚，中国特色社会主义法治理论体系的研究还处于初级阶段。西方法治理论对于我们的法学教学和科研队伍的影响较深，目前，我们亟须确立和加强中国特色社会主义法治理论在教学和科研中的主导地位，培养适合我国法治建设需要的法治人才。所以，要让我们的法学教师和科研队伍认识到我们的国情，要从我们处于并将长期处于社会主义初级阶段的实际国情出发看待中国的法治问题，从而构建符合中国国情的法学理论。这样才能避免对于西方法学理论、法治模式的迷恋，认识到西方的法治模式解决不了中国问题。在法学教师队伍中要贯彻"以人民为中心，以人民为主体"的人民观，特别是中国特色社会主义法学理论一定要以保护人民群众的根本利益为出发点和落脚点。

对于法治人才培养的教学方式和方法要进行改进。法学是实践性很强的学科，要处理好知识教学和实践教学的关系。为此，在法学教学当中就要注重理论教学和实践教学的结合，把同实务部门的联合培养规范化，为大学生提供更加丰富和高效的实践教学。法学教师也要主动到司法机关或立法机关挂职锻炼，把法学理论运用到法治实践当中去，实现理论与实践的结合，促进我国法治建设的开展。教师要积极到实务部门、基层进行锻炼，了解法治实践，了解实践对理论的要求。实践部门的法治工作人才也要到高校和科研院所进行交流，就自己在法治实践过程中积累的经验同法学教师和研究人员进行交流，这样才能培养复合型的法学人才，才能使法学教育和科研工作取得更大的进步。法治人才的培养还要注重道德教育和法治教育。法学教育不仅要把大学生培养成掌握丰富法律知识的人才，而且要立德树人，使大学生具有高尚的道德情操，具有坚定的法治信仰和法治观念，这样我们的大学生进入社会后才能既是弘扬社会主义核心价值观的时代新人，又是尊法、守法、崇法的法治新人。

总之，中国特色社会主义法治人才的培养是一项重点任务，需要各个部门、各种力量共同努力才能取得好的效果。为此，各级政府、政法部门、教育机构、律师行业应该积极努力，共同营造一个良好的法治人才培养的环境，打造有利于法治人才培养的良好机制，为我国培养出越来越多的中国特色社会主义法治人才。

三、依法治国的中国特色

依法治国是推进经济发展和社会建设的重要保证，深化改革就需要有稳定的社会环境和保障措施，无论是改革还是稳定，都离不开法治这个前提，如果缺少了法治的保障，就无法实现改革的目标，甚至出现偏差。也许改革以后产生的问题比改革前本身还要多，但又不能不改革，只有改革才能解决我们面临的现实问题。在全面深化改革之时提出"推进国家治理体系和治理能力现代化"和依法治国具有迫切的重要性和巨大的现实意义，它是完成中国社会转型的关键环节。

（一）依法治国是实现全面深化改革总目标的重大举措

依法治国是指全体社会成员特别是国家权力主体遵循具有公平正义价值的良法体系以管理国家和社会各项事务的治国方略。换言之，依法治国以法律为前提条件，以公正执法为基本要求，以权力制约为内在机制，包括法治理念、法治制度、法治原则和法治价值等。

改革开放 40 多年来，中国经济体制改革取得巨大成就，政治体制改革也在逐步完善。现在，改革已经到了攻坚克难的阶段，在这样一个关键时期，各种社会矛盾也会凸显出来。既有发展过程中遗留下来的老问题，也有进一步深化改革进程中遇到的新问题。要解决这些新老问题，就要不断完善中国特色社会主义政治制度，积极推进国家治理体系和治理能力现代化建设。这两个方面问题的解决都需要法治作为保障，始终坚持依法治国，这样才能做到步伐稳健，方向正确，避免犯颠覆性的错误。因为新的社会经济基础需要与之相适应的政治制度的保障，没有这一保障，经济基础乃至整个社会的转型就不可能最终完成。选择以国家治理体系和治理能力的建设作为社会政治转型的突破口，是中共十八届三中全会的精彩之笔。依法治国，提升社会主义国家的治理能力将使中国特色社会主义制度更加成熟、更加完善，为我国全面深化改革指明前进方向，为深化改革的重要指导思想与目标提供制度保障，为社会主义现代化建设提供强大动力。

党的十八届四中全会通过的《中共中央关于全面推进依法治国若干重大问题的决定》阐述的全面推进依法治国必须坚持的五个原则能够更好地帮助我们理解依法治国的中国特色。依法治国不是否定党的领导，党的领导是社会主义法治最根本的保证，坚持党的领导是社会主义法治的根本要求。人民是依法治国的主体和力量源泉，必须坚持法治建设为了人民、依靠人民、造福人民、保护人民，以保障人民根本权益为出发点和落脚点。坚持法律面前人人平等，必须尊重宪法法律权威，任何组织和个人都不得有超越宪法法律的特权。依法治国也不是否定道德规范作用，应该坚持依法治国和以德治国相结合，强化法律对道德建设的促进作用，强化道德对法治文化的支撑作用。依法治国必须从中国实际出发，不断总结中国特色社会主义法治实践经验，发展中国特色社会主义法治理论。

（二）全面依法治国战略是党的领导方式转型的重要标志

国不仅仅指地域概念上的国家，而且指政治共同体意义上的国家机构和社会的统一体，是指国家机构代表人民群众管理国家和社会事务。首先，依靠法律治国，不是依靠个人意志、党的政策、领导人的权威治国理政，而是要依照法律行使权力，包括依法执政、依法行政等。其次，体现公平正义的良法是体现全体人民共同利益的法，是有利于保障经济、社会发展和人民权益的法。最后，治理是指权力机构或者社会组织、公民管理国家和社会公共事务的诸多方式的总和。因此，法治是国家治理的重要方式之一，是不同的利益得以调和的过程。

现代化的动力不是社会内部自生的，执政党坚强的领导对推动国家现代化建设起到了重要的作用。传统向现代的转型必然伴随着制度结构、伦理秩序的重建，社会的凝聚与整合受到诸多风险因素的挑战。在这种情况下，中国共产党对现代化的领导和推动、对社会力量的组织和整合起到了不可替代的作用。在全面推进依法治国的进程中，党的领导方式更加优化和与时俱进，在不断加强自身建设的基础上，党始终发挥根本性和全局性的领导作用：领导立法、监督执法、支持司法、带头守法。

（三）新时代推进全面依法治国的中国实践

国家治理现代化不仅需要经济的强大作为支撑，还需要一个完整的法律体系来规范各个领域的行为。国家治理现代化的实质就是用法治思维和法治方式治国理政，把法治理念、精神、原则和方法贯穿于国家和社会事务管理的各个方面，形成制度并加以规范，建立起将制度优势转化为治理国家效能的机制，促进制度规范有序运转。

新时代推进依法治国的中国实践，就是要在中国共产党的领导下坚持中国特色社会主义道路，实现建设中国特色社会主义法治体系、建设社会主义法治国家的依法治国总目标，构建"完备的法律规范体系、高效的法治实施体系、严密的法治监督体系、有力的法治保障体系和完善的党内法规体系"，实现科学立法、严格执法、公正司法、全民守法的基本格局，协调构建社会主义法治国家，即以法治国家、法治政府和法治社会为一体的法治中国，推进国家治理体系和治理能力的现代化。

总之，"全面依法治国"是新时代中国法治发展史上的最新话语，奠定了中国特色社会主义法治话语体系的基础，构建了国家治理现代化的格局。它具有强大的导向功能和指引功能，为法治中国建设绘就了新的蓝图，是实现国家治理体系和治理能力现代化的必由之路。全面依法治国是社会主义国家人民当家作主的根本保障，是实现国家治理现代化的重要内容和主要途径。

第二节　依法治教概述

依法治教是依法治国方略的重要组成部分，开展依法治教工作对于推进教育领域法治化具有重要意义。《国家中长期教育改革和发展规划纲要（2010—2020年）》从教育改革和发展全局的高度，对依法治教做出了全面部署。依法治教是推进素质教育和创新教育的法律保障，是优先发展教育和实施科教兴国战略的有效途径，也是解决教育纠纷的有效手段。依法治教是依据法律管理和发展教育，是依法治国方略在教育领域的体现，也是教育改革发展的必然要求，是现代教育发展的共同规律，是教育现代化的重要标志。

一、依法治教的内涵与主体

（一）依法治教的内涵

依法治教，就是要紧紧围绕社会主义现代化建设的全局，通过教育法制工作，保证教育工作按照党和人民的意志全面依法开展，推动和保障教育改革与发展的健康有序进行，保障教育优先发展战略地位的落实，保证教育的社会主义方向和国家教育方针的落实。

依法治教的"依"，即依据、依照的意思。依法治教不能理解为"以"法治教，即把法作为治理工具，这样就与法治的初衷背道而驰。依法治校的"法"应做广义的理解：它既包括全国人大及其常委会制定的教育类法律，也包括国务院制定的教育类行政法规和省（区、市）级人大及政府制定的地方法规和规章，还包括涉及教育管理的规范性文件。广义上的"法"尤以规范性文件居多，其中就包括了各级各类教育机构制定的教育教学管理规范。依法治教的"治"意为治理、管理。依法治教的"教"从抽象角度理解就是教育事业，包括各级各类教育，具体而言既包括教育行政部门的教育行政管理行为，也包括各级各类教育机构依法定职权实施的管理行为。因此，依法治教应理解为依法规范教育管理，把法作为规范教育管理的唯一标准和最高权威，必须依法而不是依据其他标准来实施教育管理行为。

（二）依法治教的主体

依法治教主体的范围十分广泛。主要包括各级权力机关，即各级人民代表大会及其常务委员会，其有权制定教育方面的法律法规，听取政府有关教育工作的报告，审议有关教育经费的预算与决算，对政府教育工作提出质询，检查监督教育法的实施情况等；各级行政机关，即各级人民政府及其职能部门，在其各自的职责范围内，行使自己的管理职权，履行自己的管理责任；各级审判机关、检察机关，即各级人民法院和人民检察院，人民法院依法审理有关教育的案件，人民检察院依法进行检察监督；各级教育行政部门及其他有关行政部门，依法行使教育管理职能；各级各类学校及其他有关教育机构，依法进行学校管理；企事业单位、社会团体、公民个人等，依法参与教育事业的管理和监督。

二、依法治教的发展历程

（一）依据规范性文件治教

以毛泽东同志为核心的党的第一代领导集体对改造旧教育、建立新教育制度非常重视。《中国人民政治协商会议共同纲领》和1954年《中华人民共和国宪法》，以国家根本大法的形式，对新中国教育的基本原则和发展方针做了明确规定，将受教育权确定为公民的基本权利，是我国教育立法的重要基本原则之一。自新中国成立至党的十一届三中全会之前，治教的主要直接依据是中央政府及其教育行政部门制定的一系列关于教育工作的指示、命令和决定等规范性文件。这些规范性文件，确立了新中国民族的、科学的、大众的教育制度，把受教育权还给人民，为我国社会主义教育制度的建立奠定了坚实的基础，是新中国教育立法的基石。

（二）依据法律和规章治教

党的十一届三中全会关于加强社会主义民主和法制建设的重要指导思想，奠定了教育法制建设的理论基础。1980年12月《中共中央国务院普及小学教育若干问题的决定》明确提出"要搞好教育立法"。1980年，第五届全国人民代表大会常务委员会第十三次会议审议通过《中华人民共和国学位条例》（以下简称《学位条例》），这是新中国成立后国家权力机关按照法定程序制定的第一部教育专项法。《学位条例》的出台，不仅为我国教育和科学事业的发展提供了一项重要的法律制度，更是"文化大革命"之后，拨乱反正、思想解放的浪潮在教育领域的重要成果，是我国改革开放时期教育立法的开端，标志着新时期的教育立法工作迈出了具有重要意义的一大步。1982年制定的《中华人民共和国宪法》，在"总纲"中将教育单列一条并充实了内容。该宪法直接调整或涉及教育的条款共11处，以国家根本大法的形式为新时期教育立法奠定了最高法律准则。

为适应市场经济体制和教育发展的需要，积极落实《中共中央关于教育体制改革的决定》《中国教育改革和发展纲要》（以下简称《教育发展纲要》），1993年10月31日第八届全国人民代表大会常务委员会第四次会议通过了《中华人民共和国教师法》（以下简称《教师法》）；1995年3月18日第八届全国人民代表大会第三次会议通过了《中华人民共和国教育法》（以下简称《教育法》）；1998年8月29日第九届全国人民代表大会常务委员会第四次会议通过了《中华人民共和国高等教育法》（以下简称《高等教育法》）。目前，与《教育法》相配套的法律是《中华人民共和国义务教育法》（以下简称《义务教育法》）《高等教育法》和《教师法》。

（三）全面推进依法治教

党的十六大以来，按照党中央关于落实依法治国方略、加强社会主义民主法制建设、完善社会主义法律体系、建设法治政府、推进依法行政的精神和要求，教育系统不断加强教育法制建设，取得了丰硕成果。一是教育法律法规体系逐步完善。如修订了《义务教育法》，制定了《中华人民共和国民办教育促进法》《中华人民共和国中外合作办学条例》等重要的教育行政法规和一系列教育部门规章。二是依法行政不断推进。教育行政部门依法行政水平不断提高，进一步增强依法行政意识，健全依法行政规则和程序，完善监督和救济途径，更加善于利用法律手段管理教育事业，有力促进和保障了教育事业的改革与发展；教育行政审批制度改革不断深化，进一步理顺了学校与政府、学校与社会的关系。三是教育行政执法体制改革取得新进展，积极探索教育行政执法新体制和新形式。党的十六大、十七大以来，由教育法律、教育行政法规、地方性教育法规（自治条例或单行条例）和政府规章共同构成的中国特色的教育法律体系基本形成，为依法治教奠定了法律和制度基础。

三、依法治教的范围与主要内容

（一）依法治教的范围

依法治教，不仅规范教育教学活动，还规范其他一些与教育教学相关的活动，范围十分广泛。依法治教的主要范围包括：国家机关有关教育的管理活动，各种社会组织和个人举办学校及其他教育机构的活动，学校及其他教育机构的办学活动，教师及其他教育工作者实施教育、教学的活动，学生及其他受教育者接受和参与教育、教学的活动，以及各种社会组织和个人从事和参与教育的活动。同时，还包括教育拨款、教育附加费的征收、教育集资、捐资捐赠等有关教育的活动。

（二）依法治教的主要内容

依法治教的内容，主要包括教育立法、教育普法、教育执法、教育司法、教育守法、教育法律监督、教育法律救济等方面。其中，依法行政、依法治校是依法治教的核心内容。教育立法就是教育法的制定，是指一定的国家机关依照其法定职权制定（修改和废止）教育规范性文件的活动，如国家立法机关制定教育法律，国务院作为最高行政机关有权制定教育行政法规，国务院的各部委有权制定部门教育规章，省、自治区、直辖市的人民代表大会及其常务委员会根据本地的具体情况和实际需要有权制定地方性教育法规，省、自治区、直辖市的人民政府有权依据法律和行政法规，制定地方政府教育规章。

教育普法主要是指教育法制的宣传与普及。教育执法是按照法定职权和程序使用教育法律规范，依法行政。教育司法是国家机关依照法定权限和程序，运用法律处理教育违法案件和裁决教育纠纷的专门活动。教育守法即教育法的遵守。教育法律监督是指国家机关、社会组织和公民有权对教育法律、行政法规、规章、地方法规的实施情况予以监督。教育法律救济是指教育法律关系主体的合法权益受到侵犯并致侵害时，可依法通过法律救济途径使得自己的合法权益获得恢复和补救。

四、依法治教的内在要求

自2013年《中共中央关于全面深化改革若干重大问题的决定》出台以来，"推进国家治理体系和治理能力现代化"成为我国各领域深化改革的重要目标。作为顶层设计的治理体系建设具有内在的系统性，它离不开治理能力提升作为支撑，因此，治理体系与治理能力两者是不可分割的有机体。简言之，治理能力的提升有利于构建科学的、可行的治理体系，而治理体系效能的激发则依赖于治理能力的建设，两者之间是一种相互依存、相辅相成的关系，共同构成治理现代化的基本内涵。

国家治理现代化命题蕴含了行政管理模式转变的内涵。很显然，行政管理模式转变应以先进的治理理念为指导。就其基本点而言，就是要从过去的"管控模式"向"协调模式"转变，即从政府唱独角戏向社会多元参与共同治理模式转变，其目的是实现社会多元利益主体相互促进、和谐共存。为此，政府治理理念转变是前提，政府职能转变是关键，政府提高服务能力是根本，实现民众广泛积极参与是手段，促进社会不同利益群体之间形成良性对话机制是目的。概言之，国家治理现代化就是用先进的治理理念，改变与社会发展不相适应的社会关系，形成一种新的社会关系状态。在其中，必然要对不同群体之间的法律关系进行调整，确立一种新型的法律关系。

教育作为一个关系国计民生的重要领域，是国家治理现代化建设中的重要一环。可以说，教育治理现代化的水平直接影响着国家治理现代化的水平与进程。教育治理现代化也分为教育治理体系现代化与教育治理能力现代化。教育治理体系现代化，核心点在于吸纳社会多元利益主体参与到教育治理过程中，形成以教育行政部门为基础，同时吸收具体办学单位代表、学生和教师代表以及社会各相关利益群体代表参与的教育治理体系。毋庸讳言，由于传统教育体制的固化影响，各种社会力量参与教育治理的积极性并不高，而且这种状态很难短时间得到改善，如果没有明确的法律赋予社会力量参与教育治理的权能，那么就很难改变由教育行政部门包办一切的状况，因为社会力量已经形成了被动依赖的习惯，缺乏主动参与教育治理的意识，而且也不敢争取参与教育治理的权利。所以，教育治理体系现代化需要通过教育法律体系的完善来推动教育体制机制的改革，进而促进教育治理方式转变。

教育治理能力，既包括各主体参与教育治理的能力，也包括教育治理体系运行能力。毋庸置疑，教育治理现代化既要反对为追求治理效果而采用不符合规则的治理手段等功利性行为，同时也应该摒弃墨守成规、固化治理体系而导致治理模式失灵的僵化行为。教育治理能力现代化要求为社会多元利益群体提供公平参与治理的机会，如果法律并未做出相应的规范，那么社会力量参与教育治理的合法性、有效性就很难得到保证。不可否认，现代化是一个动态发展的过程，而且也是一个不断趋于理想的过程，在追求教育治理现代化的过程中必然要协调各种利益关系，必然会面临各种矛盾与冲突，要解决这些矛盾和冲突就必须以事实为依据，以法律为准绳，做到有法可依、有法必依，否则会导致社会失序。

简言之，教育治理体系现代化和治理能力现代化既要求具备系统完善的教育法律体系，又要求参与教育治理的各相关主体提高依法办事的思维能力，严格按照法律法规的内在要求参与治理，保证教育治理体系的运行处于和谐有序的状态，善于将法律规则与治理理念的潜在优势转化为现实的治理效能。

五、依法治教的战略目标

实施依法治教，要切实以法治思维和法治方式深入推进教育领域综合改革，要将依法治教作为教育治理体系和治理能力现代化的核心内容，以法治思维和法治方式深入推进教育综合改革、促进教育发展，保障教育的社会主义办学方向和国家教育方针的贯彻实施，保障科教兴国战略的全面实施。依法治教的战略目标主要体现在以下六个方面。

（一）加强党的领导，完善教育法制

依法治教的关键是坚持党的领导。坚持党的领导，关乎方向、关乎稳定，是实现依法治教、建设现代化教育法治国家的根本保证。要在法治环境中加强和完善党的领导，在党的领导下不断完善教育法制。

（二）加强教育法治，淡化教育人治

现代教育呈现出开放性、多元化特点，形成了主导教育的举办者、办学者和管理者三个不同主体，逐步形成了影响教育发展的政府、市场和社会个人三种力量，这在客观上要求教育发展必须走出传统封闭式管理体制，摆脱计划经济条件下形成的人治模式，建立起适应市场经济和社会民主要求的法治管理模式。根据法治国家的基本精神，健全的教育法治应是以一套完备的教育法律法规为核心的，包括相应的法律实践和法律文化在内的法律系统。

（三）强化教育法律，协调教育政策

教育政策是国家、政党为实现一定时期的教育方针、任务而制定的行动准则，是教育发展成功的关键性因素之一。教育法律是国家实施依法治教的依据。教育法律和教育政策是统一的，都是人民意志的体现，都是为发展教育事业服务的。不同的是教育法律是人民意志上升为国家意志的体现，而教育政策是尚未上升为国家意志的人民的意志，它们有各自的适用范围、方式和特点，作用不可替代，都应予以重视。

（四）增强依法治教，促进以德治教

法律和道德作为上层建筑的组成部分，都是维护社会秩序、规范人们思想和行为的重要手段，它们相互联系、相互补充，统一发挥作用。法治和德治相结合是完整的治国思想，党的十八大及十八届四中全会进一步强调全面推进依法治国必须坚持依法治国与以德治国相结合。依法治教作为依法治国的重要组成部分，

也必须与以德治教相结合。

（五）推进教育民主，加强教育监督

依法治教的主体是当家做主的人民，依法治教的依据是体现当家做主的人民意志的宪法和法律。人民接受教育的法定权利要得到保障，既需要认真贯彻教育法律法规，又要通过党的监督、社会监督、公民监督，保障教育管理的民主化、公平化。

（六）健全教育法律，形成法律体系

随着社会经济的快速发展和教育体制改革的不断深化，部分法律法规不能与现代教育发展相适应，需要尽快修订和完善。当前教育法律体系的框架轮廓已经基本形成，但从体系化的角度看，我国当前教育立法还没有完全形成一个内容和谐一致、完整统一的有机整体。在全面推进依法治国和依法治校的进程中，要尽快形成较为完备的教育法律体系。

六、面临的基本挑战

1980 年《学位条例》的颁布实施，开启了我国教育立法新征程。时至今日，我国已经颁布了多部教育法律法规，且部分教育法律法规已开始了修订工作，初步形成了中国特色教育法律法规体系。这些法律法规对教育改革发展发挥了价值引导作用，成为我国教育事业发展中不可或缺的部分，较为有效地保障了我国教育事业的持续稳定发展。不可否认，《中华人民共和国义务教育法》的颁布和实施及其修订，对我国教育均衡化发展发挥了重要作用，使我国成为世界上较快扫除文盲并迅速提升人民群众文化教育水平的国家。毋庸讳言，目前我国教育法律体系仍不健全，还不能为社会多元利益主体有效参与教育治理提供法律保障。

目前国家在教育领域也在大力推行"放管服"改革，旨在进一步转变政府职能，调节政府、学校以及社会之间的关系，为社会多元利益主体参与教育治理提供政策支持，也为后续的教育法律关系调整提供依据。可以说，治理体系变革，反映了人民群众对高质量教育的需求，与社会经济领域改革的不断深化的趋势是一致的。当然，要真正满足人民群众对美好生活的愿望，就必须在教育法治建设中抓住重点难点有所突破，完善教育治理体系建设。总体而言，我国在全面推进依法治教的过程中主要面临以下三个方面的挑战。

（一）教育法治思维的匮乏

只有思维的率先转变才能真正带动行动上的转变。治理现代化强调从传统的垂直式行政管理模式转为横向式协商治理模式，体现在治理主体上则为从单一的政府治理主体走向社会多元利益相关者共同参与。但就目前实际情况来看，教育治理主体的法治思维仍未真正确立。

1. 局限于传统的行政思维模式

由于传统管理方式的惯性使然，教育行政部门仍习惯于下命令，教育决策常常是为了执行上级的指示命令而非通过实际调研并与多元利益主体开展协商而形成。这就反映了教育行政管理部门仍未把社会力量作为教育治理主体看待，也尚未定位好自己的服务职能，其传统的管控意识仍然非常强。

2. 法治思维尚未真正建立

"权力制约和权利保护是法治思维的重要内容。"在现实生活中，教育主体的教育权利受侵犯、教育权力遭滥用的现象时有发生。例如，高考顶替案中揭示出一些教育权力机关人员存在忽视规则、蔑视法律现象，而教育权利主体利益受到侵犯后没能及时保护自身合法权益；又如，高校学术委员会、教师代表大会等本是多元利益主体参与治理的重要渠道，却因程序失范而出现了无效参与；再如，社会中不少人存在"有事找关系"的惯性思维，因而也就导致参与教育治理的主动性、积极性以及能动性都较低。这些现象体现了在社会交往中各利益主体在教育法治思维上的普遍匮乏。

（二）教育立法体系的滞后

"良法是善治的前提。"法律是调节社会关系的重要手段，在教育转型的关键时期，法律体系的完备性、立法内容的科学性和立法保障体系的有效性，成为教育治理现代化的助推器。就目前来看，我国教育法律体系建设存在严重滞后问题。

1. 现有教育法律体系中尚存有较多空白地带

"一个法制完备的教育体系才是富有效率的、充满活力的教育体系。"现阶段我国教育法律体系以《教育法》为核心，形成了多部专门性的教育法律法规，但在终身教育、家庭教育、学校教育和学前教育等领域仍存在许多法律缺位。这就会导致难以对相关领域的教育关系进行有效的规范与监督，一旦出现矛盾与冲突，又将因缺乏法律依据而难以有效解决，如此就可能形成恶性循环。

2.立法内容上仍存在不细不新的状况

一方面，我国教育立法目前仍以国家立法为主导，出于全国通用性的考量，同时也囿于传统立法技术，教育法往往注重原则性，忽视实践性和可操作性，从而使教育法律的权威性大大降低；另一方面，不少教育法律法规已经颁布实施多年，但未能随着社会进步和教育理念的更新而调整，已明显不能适应新时代的教育发展要求，亟待进行修订完善与补充。在极具时代性的教育领域，立法的滞后性将阻碍教育事业的现代化、国际化以及法治化。

（三）教育行政执法的弱化

法律生命力与权威性的实现在于实施。教育治理体系既包括教育内部治理体系，同时也涉及教育外部治理体系，在复杂的网状治理体系下，内外部关系的协调不能仅仅依靠德治，更多地需要依靠法律的权威，而法律权威性的实现更多依赖的是执法。可以说，高质量的执法既是实现和巩固教育法治成效的关键，同时又是积极探索教育立法方向的重要举措。我国教育行政执法存在严重的弱化现象，主要体现在以下两方面。

1.教育行政执法队伍建设不完善

这主要体现为执法主体不明确、执法机构不健全和执法人员素质不高。2014年教育部办公厅发出《关于开展教育行政执法体制改革试点工作的通知》，要求各地设立专门教育执法机构或队伍。为此，各地设立了相应的教育执法机构，如山东省青岛市教育局设立了行政审批与执法处、上海市建立了"市和区县民办教育联动执法组"，通过这些联合执法机构集中行使教育行政执法权。但目前我国大多数市、县教育行政部门至今尚未建立专门的执法机构，"多头负责、多头管理"的现象仍然非常普遍。

2.教育行政执法程序性规定不足

我国地区差异大，中央教育法律大多为原则性规定，无法对每个地区的具体情况做出针对性规定，因此也就要求地方教育行政执法根据地方的实际情况自主设计与实施。但就目前来看，我国大部分省、自治区、直辖市仍未有教育执法相关的程序性规定。目前，部分省、自治区、直辖市相关网站仍未设立教育执法公示专栏或其他关于执法队伍、执法范围的公示。

七、依法治教的基本原则

依法治教是教育治理现代化的内在要求，同时也是国家"十四五"期间教育法治规划的基本方略。因此，提高教育主体的法治思维、完善教育法律体系以及严格教育行政执法是进一步深化依法治教的举措。而依法治教要以以下原则为基础，才能达到科学有效的治理效果。

（一）坚持以人民为中心，统筹设计

1. 全面贯彻党和国家教育方针政策

全面提升依法治教水平，推进教育治理体系和治理能力现代化，最根本也是最重要的是要牢牢贯彻党和国家教育方针政策。历史表明，中国共产党代表中国先进生产力的发展要求，代表中国先进文化的前进方向，代表中国最广大人民群众的根本利益，"十四五"规划是"两个一百年"奋斗目标的历史交汇期，在这样的关键节点更需要坚持党的领导，确保教育发展道路的方向性和科学性。经验证明，我国教育发展取得的历史性成就与党的坚强领导和国家的教育战略决策是分不开的。因此，开展依法治教的规划设计时要始终坚持党的统一领导，坚持全国上下一盘棋，以进一步推进我国教育现代化和加快教育强国建设步伐。

2. 以现代治理理念引领教育法律体系建设

良法才能达至善治。随着教育治理理念的转变，教育治理主体逐渐从单一走向多元，教育管理方式也从集中式转向民主式，教育法律体系建设难免出现现有法律法规与现代化教育治理理念产生冲突，相关法律法规条款存在内容不明晰的弊端越发明显，甚至出现教育局部冲突乃至发生重大突发性教育公共事件都难以寻求教育法律的支持等现象，而如果教育法律体系未能适应教育治理理念的转变，未能为教育治理理念的实践提供法制支持，那么，教育法治的意义也就随之弱化。

（二）坚持从实际出发，因地制宜

1. 坚持教育发展与社会经济发展规划相协调

国家治理体系现代化是与各领域体制机制改革、法律法规体系建设紧密相连的，教育是国家治理中的重要领域，教育的发展离不开社会大环境，同样，推进依法治教的规划设计必须与社会发展大环境紧密协调。具体而言，社会经济的发展大大提升了人民群众对多样化、多层次教育的需求，也对教育治理体系和教育治理能力现代化发展要求更为迫切。教育治理能力需求提升，又要求参与教育治理的不同主体主动适应时代变化，强化法律思维和依法办事意识。

2. 解决制约教育发展的"瓶颈"难题

法律具有引领、保护、评价、保障的作用，教育治理现代化以法治建设为保障，这就指出了依法治教所承载的重要任务，即在教育治理中要立足教育发展中的关键问题、关键领域，从当前教育中最棘手的问题出发，实事求是地解决教育发展中的治理难题。

（三）坚持以生为本，呵护学生身心健康

法律是以国家强制力作为保障的体系，而教育活动则讲究"以情感人、以理服人"，教育与法律可谓国家治理的两翼，一柔一刚，两者结合可以做到张弛有度。教育活动主体是人，人的活动是有规律的，依法治教，就必须遵循教育活动的内在逻辑。教育立法也不能离开人民群众的参与，教育立法必须倾听人民群众的呼声，关心人民群众的根本利益，充分听取人民群众的意见与建议，发挥其在教育治理中的主体作用。不仅如此，在调解教育活动中出现的紧张关系和进行教育法律宣传时，都要注重结合各级各类教育对象的身心发展特点，注意保护他们的身心健康。

第三节　依法治校概述

一、依法治校的概念及演进

依法治校，是指国家通过法律的手段对不同层次的学校治理领域进行规范节制的行为。例如，学校的法律主体资格就是通过相关法律规范和指导学校民事、行政和学术等行为，以法律对学校的其他活动提出符合社会需要的要求。依法治校充分体现"依法治国"的时代精神，是依法治教的重要要求和主要内容。

1999 年 12 月我国首次召开全国教育法制工作会议，会议报告《全面推进依法治教，开创 21 世纪教育振兴的新局面》指出：依法治校就是要在依法理顺政府与学校的关系、落实学校办学自主权的基础上，实现学校管理与运行机制的制度化、规范化，形成政府宏观管理，学校依法按照章程自主办学，依法接受监督的新格局。1999 年 12 月教育部印发的《教育部关于加强教育法制建设的意见》明确提出积极推进依法治校，并从学校章程建设、校务公开、教职工代表大会建设、维护权益等方面提出原则要求，这是在国家层面推进高校依法治理的重要举

措。此前教育部一系列与教育相关的法律法规也早已为依法治校提供了有力的法律支持，如 1993 年颁布的《教师法》、1995 年颁布的《教育法》、1998 年颁布的《高等教育法》等。

党的十六大提出依法治教的理念，强调将教育管理和办学活动纳入法治的轨道。2003 年教育部印发了《教育部关于加强依法治校工作的若干意见》，强调依法治校的重要性和必要性，明确了具体的工作目标，并从行政职能、制度建设、民主监督、法制教育、教师管理、学校保护等多个方面提出相应的指导意见。这一意见的出台反映了我国教育改革逐步深化的客观要求，也推动了各高校依法治校工作的实施开展。

2010 年 7 月，在总结教育改革和发展经验的基础上，《国家中长期教育改革和发展规划纲要（2010—2020 年）》提出，按照全面实施依法治国基本方略的要求，加快教育法制建设进程，完善中国特色社会主义教育法律法规，并将"推进依法治教"单列为一点进行强调，提出学校要加强章程和制度建设。《国家中长期教育改革和发展规划纲要（2010—2020 年）》的颁布实施，使依法治校工作面临着新的形势和使命，推动依法治校工作进入新阶段。为有效推进依法治校相应工作的开展，国家又相继出台了一系列规章制度，如《高等学校章程制定暂行办法》《中国共产党普通高等学校基层组织工作条例》《学校教职工代表大会规定》《高等学校学术委员会规程》《关于坚持和完善普通高等学校党委领导下的校长负责制的实施意见》等。

2012 年 11 月教育部印发了《全面推进依法治校实施纲要》，对全面推进依法治校的重要性与紧迫性、指导思想和总体要求、具体实施措施等方面都做出了详细说明，并强调要注重培养师生的法治意识，创设学校的法治文化氛围。为深入贯彻《全面推进依法治校实施纲要》，教育部以高等学校现代大学制度建设为重点，加强法律法规等的制定，仅 2014 年就制定了全国性高等教育规范性文件 9 项，如《教育部高等学校章程核准工作规程》《普通高等学校招生违规行为处理暂行办法》《高等学校学生学籍学历电子注册办法》等。

2016 年 1 月，为贯彻落实党的十八大和十八届三中、四中、五中全会精神，进一步落实《国家中长期教育改革和发展规划纲要（2010—2020 年）》提出的工作任务，落实《法治政府建设实施纲要（2015—2020 年）》要求，全面推进依法治教，教育部印发了《依法治教实施纲要（2016—2020 年）》，不仅对依法治教的总体要求进行了系统阐述，而且在第五点"深入推进各级各类学校依法治校"中对学校章程建设、现代学校制度、师生权益保护、示范校创建活动四个方面进行了重点论述，为新时代依法治校建设提供了有力的理论指导和可行的措施引导。与之相配套，国务院下发了《关于加强和改进改革新形势下高校思想政治工作的意见》《高等学校预防与处理学术不端行为办法》《普通高等学校学生管理规定》等具体意见和规定，为高校依法治校工作的深入开展提供了制度支持。

二、依法治校的内涵

依法治校作为依法治国理念在高等教育领域的自然延伸和具体体现，已经成为各高校推进大学治理的基本共识。所谓依法治校，指的是国家在各个层次的学校治理中以法律手段而为之，如以法律手段对治理学校的行为进行指导和规制，以法律手段认同学校作为独立法人的主体资格，以法律手段为学校的行为和其他活动贴上法律或者法治的标签。依法治校以推进教育事业法治化、规范化为主要目标，意在使高校的管理行为纳入法治的框架范围内，由法律予以规范，其基本内涵包括国家对高校实施管理法治化和高校内部自主管理法治化两个基本方面。站在国家的角度，依法治国要求国家的政治、经济、文化等各个方面的活动都要依照法律开展，也即强调以法律治理国家。对于高等教育领域的要求自然也是一样的，国家对高校的管理也应遵循法治的要求，依据相关法律、法规、规章等实施高校管理，同时，也要从依法治校的全局出发，协调、平衡高校与政府、社会的关系，保障高校获得良好的发展环境。从高校视角出发，依法治校更侧重于规范高校的内部关系，强调高校自我管理的法治化，以调整高校内部利益相关主体（高校、教师、学生等）彼此之间的权利义务关系为主。依法治校的基本内涵如图 2-1 所示。

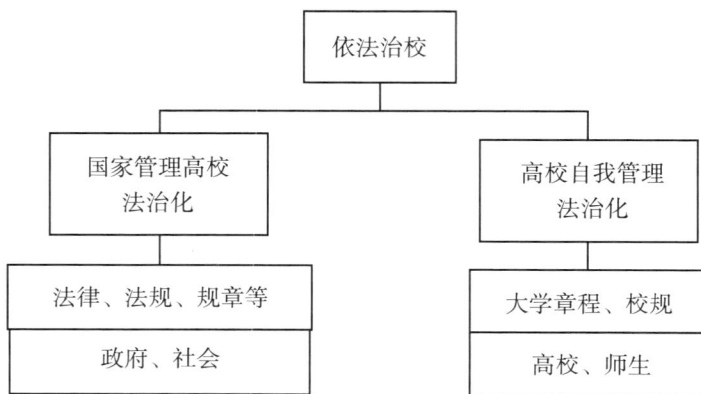

图 2-1　依法治校的基本内涵

大学治理应当是依法治理。依法治理的首要含义就是遵循高等教育规律和相关法律法规，各方参与者的角色和行动也都需要得到体制的合法化认证，在大学治理秩序中获得合法而有序的地位。除依据法律法规等上位法进行管理之外，大学章程和校规校纪等也在高校管理法治化进程中发挥着重要作用，大学章程尤为重要，可以说，章程规范下的权利和义务关系构成了高校内部管理关系的核心，贯穿于高校的日常管理、制度设计及运行的方方面面。

依法治校的最终目标是建设法治化的校园，应当奉行的基本理念和精神至少包含以下几个方面：第一，依法治校所依之"法"为良法，为"善治"提供基本前提。当然，这里的"法"不仅指国家对高校实施管理所依据的法律、规章等上位法，也包含大学内部制定的规章制度。第二，所依之"法"（包括法律、法规、大学章程等）具有权威性和至高无上的地位。只有坚持法律至上的理念才能更好地保障"法"的实施，大学治理涉及的各利益相关主体也才会真正认同、遵守法律。第三，依法治校应以"权利"理念为支撑。高等教育健康和谐地发展，需要将依法治校与教育管理法治化建设相结合，保障高校及师生的正当权益。在对外关系中，高校本身作为权利主体，应该具有权利意识，积极维护自己的合法权益；在对内关系中，高校同时兼具管理与服务的职能，不能仅把广大师生及高校员工作为管理对象，应当注重维护全体成员的合法权益，突出对师生权利和地位的确认与保护，建设和谐的法治校园文化。

三、依法治校的紧迫性与重要性

（一）全面推进依法治校的紧迫性

自《国家中长期教育改革和发展规划纲要（2010—2020 年）》提出"大力推进依法治校"以来，依法治校工作取得了长足的进步，各地教育规划纲要针对推进依法治校工作提出了具体要求，以依法治校示范校创建活动为抓手的依法治校实践活动积极开展，大学章程建设快速推进，学校普法教育积极开展，以减少行政审批和加强依法行政为保障的政府教育管理职能和管理方式的转变为依法治校提供了良好的外部环境，各地各学校在推进依法治校过程中积极创新，形成了丰富的成功经验和实践成果，各级各类学校对依法治校的认识明显提高。但是，在依法治校工作上，仍然存在对依法治校重要意义认识不到位，对制度建设不够重视，政府教育管理职能转变未完全到位，部分教育行政管理人员依法行政意识和能力等不强等问题。因此，必须全面深入推进依法治校，保障和促进教育事业健康发展，努力办好人民满意的教育。

（二）全面推进依法治校的重要性

①全面推进依法治校是落实依法治国基本方略、建设社会主义法治国家的客观要求。自党的十五大提出依法治国基本方略以来，国家法治建设进入了新的阶段。党的十八大进一步强调法治的地位和作用，强调"全面推进依法治国"，将"依法治国基本方略全面落实，法治政府基本建成，司法公信力不断提高，人权得到切实尊重和保障"作为全面建成小康社会新的更高目标。党的十八届四中全会通过的《决定》使法治中国建设从一种概念化、宏观化的愿景成为一个有操作性、实践性的具体方案。依法治校是落实依法治国基本方略的必然要求和具体实践。作为民生之首的教育领域，落实依法治国基本方略，必须全面推进依法治教、依法治校，才能真正将教育活动纳入法治化轨道，保障公民依据宪法享有的受教育权落到实处。同时，学校肩负落实党和国家教育方针、培养社会主义合格公民的重要历史使命。对广大青少年学生进行持之以恒、行之有效的法制教育，提高其民主法治意识和知法、尊法、守法的能力，是建设法治中国的前提和基础。建设法治中国，各级各类学校责无旁贷。

②全面推进依法治校，是深化教育体制改革，推进政校分开、管办分离，构建政府、学校、社会之间的新型关系，建设现代学校制度的内在要求。现代学校制度是适应现代社会发展要求，反映学校与政府、社会关系的治理模式、制度规范和行为准则，其本质属性是法治。建立现代学校制度，是新时期推进教育改革、实现科学发展、提高教育质量的必然要求和重要保障。推进政校分开、管办分离，要求推进依法行政、依法治校。推进政校分开、管办分离是建设现代学校制度的基础和保障，关键要依法理顺政府与学校的不同职权。学校作为办学自主权的实施主体，必须建立更加完善的内部管理体制和监督制约机制，为更好地行使办学自主权奠定基础。办学自主权是学校履行其职责必需的并被法律确认的基本权利，落实和扩大办学自主权，一直是高校和社会广泛呼吁的教育改革的重点问题，也是当前教育管理体制改革的一项重要任务，因此在落实和扩大办学自主权要求的同时，必须加快推进依法治校。

③全面推进依法治校，是适应教育发展新形势，提高管理水平与效益，维护学校、教师、学生各方合法权益，全面提高人才培养质量，实现教育现代化的重要保障。改革开放40多年来，中国教育已实现了从以规模为主的发展阶段到质量提升的全新阶段的转变，以提高质量和促进公平为核心的内涵式发展已经成为

各级各类教育，尤其是高等教育的基本发展方式。内涵式发展对制度建设、管理创新和权益保障提出了新的要求，依法治校是实现内涵式发展的必然要求和重要保障。依法治校要求完善学校内部治理结构，建立健全教职工、利益相关者参与机制，从而促进学校形成科学民主决策机制，提高管理效益；完善教育救济制度，建立健全符合法治原则的教育救济制度，依法保障学生受教育权和教师合法权益；更新人才培养观念，加强对青少年学生的社会主义法治理想教育，培养社会主义合格公民。全面推进依法治校，也是解决学校面临的日趋复杂的法律事务的需要。随着教育事业改革与发展的深入，教育行政部门与学校之间，举办者与学校之间，学校与教师、学生之间，已经依法形成了复杂的权利义务关系，需要通过法律途径维护各方合法权益，教育行政管理、学校管理中出现的许多新情况、新问题，要求更多地通过法律手段予以调整、规范和解决。

四、依法治校的理论基础

教育法律法规是教育行政主管部门对高校进行法制管理的主要法律依据，也是高校依法治校规章制度建立的重要凭证。我们依据高等教育基本法律梳理高校的法理基础，以期为高校依法治校实践中依什么"法"、怎么"治"及治的主体对象的研究提供一定的理论支撑。

（一）高校依法治校的理论基础

1. 以人为本理论

从自然属性而言，人类普遍希望获得有秩序而安宁的生活，但人普遍具有欲望和非理性，需要加以节制。法律本身就是人类兽性和欲望的枷锁，其作用之一就是让人保持人性，使社会运转有序，使人人获得安宁。亚里士多德就曾认为，众人的才智胜过一个人的才智，众人的意见比一个人的意见更为全面，更合乎正义。因此法治优于人治，众人之治优于个人专治，将众人的智慧成果转化为法律规则，用以治理国家、社会，能够较少发生错误。

从社会属性而言，人天生就是一个具有社会性的动物，人的社会性是法产生的前提条件，是法的价值存在的基础和来源。人既是社会关系的产物，也是社会关系的存在，人们总是生活在一定的社会组织中。人类结成一定的社会团体，过上群体的生活，最初是为了团结一致，从自然界获取生存所需的各种物质资料，以实现人类生活的自给自足。随着生产力水平的提高，为了共同利益和谋取更加优良的生活，人类依然社会化地存在着，人与人之间结成了各种各样的社会关系，实现与他人的合作、交往、交换，追求平等、公正等价值。人正因为具有社会性，才需要法律来规范人与人之间的关系，实现社会的平等和公正。

高校是人才培养的重要场所，高校的教育管理方式决定着高校教育发展的结果。随着高校的改革与发展，高校也应当与时俱进地优化升级教育管理理念，在教育教学管理过程中，树立以人为本的教育管理观念，在管理体制中体现出对人的尊重，将人文关怀融入学校教育管理过程中。通过依法规范学校各项运行机制，教职工在教学运行中，尊重学生的人格和权利，挖掘学生潜能，发挥学生的主观能动性，培养学生的健康心理，不断推进学生的全面发展。

2. 组织治理理论

对一个组织的治理，有多种多样的方式，一般包括经济、行政、法律、思想等方式。每一种治理方式都有其特定的优势和适用范围。相比较而言，法律治理是一种非运动式的长效方法，是一种较好的组织治理方式，能够更好地适应市场经济背景下各组织治理的需要。

从行政法学角度看，依法治校关注的是高校的治理权如何实现，对内部事务的管理权有无法律依据，权力的边界在何处，也就是高校是否具有行政主体地位，其权力的行使受不受司法审查，怎样平衡司法审查和高校办学自主权之间的关系，等等。这涉及如何看待我国高等学校的法律地位和性质。根据现行法律规定，我国高等学校自成立之日起就是享受一定权利、履行一定义务、独立承担民事责任的法人，这就明确了高等学校的民事法律主体地位。

3. 独立法人理论

改革开放后，我国高等学校在改革发展实践中形成了有别于西方大学的独立法人理论。这一理论确定了我国高校自主权的法律性质、内涵和效果。

高等学校独立法人理论产生的基础是 1998 年颁布的《高等教育法》。《高等教育法》规定："高等学校自批准之日起取得法人资格。高等学校的校长是高等学校的法定代表人。"同时，明确规定了高校有招生、学科和专业设置、教学、科学研究与社会服务、境外科技文化交流与合作、机构设置、财产管理使用七项自主权。

根据《高等教育法》的规定，高等学校与政府管理机构之间的关系，既不是内部管理关系，也不是平权关系，而是一种分权管理和相互协调的新型关系。政府对学校享有一定的管理权，但不能像对下级部门那样管理学校，不能随意干预《高等教育法》明确规定的高校办学自主权。《高等教育法》还规定："高等学校在民事活动中依法享有民事权利，承担民事责任。"这就规定了高等学校与其他社会组织之间的关系属于独立法人之间的平等民事关系。

（二）高校依法治校的法理依据

1. 高校的法律地位

在现代社会，作为社会开放系统中的一个子系统的高等学校，与其所处的内、外部环境相互作用，并通过彼此之间的相互作用和过程来影响和规约对方的功能与行为。在我国建设社会主义法治国家的历史进程中，需要明确高校在不同法律关系中享有的相应的法律地位，保障高校的合法权益。同时，高校要维系和优化自身的管理秩序，保证内部的良性运转与外部的良性互动，必须合理解决与政府、教师、学生、其他社会组织及个人等之间的各种法律关系。

依照《高等教育法》的规定，高等学校是指大学、独立设置的学院和高等专科学校，其中包括高等职业学校和成人高等学校。高等学校具有公益性质，其主要任务是贯彻党的教育方针，进行教育和教学活动。高等学校是我国高等教育目标实现的主要承担者，是我国高等教育机构的主体。高等学校在法律上的认可，涉及举办者与办学者的主体地位及权利义务的分配。

高等学校的法律地位体现在高等学校与其他法律关系主体发生的法律关系中，在不同的法律关系领域，高等学校所具有的法律地位是不同的。

高校在开展教育活动时，根据条件和性质的不同，可以具有两种主体资格。在行政机关行使职权的过程中，高等学校的法律地位体现在高等学校作为行政法律关系主体中的行政相对方，与教育或者其他行政机关是被领导与领导、被管理与管理的关系。在此类关系中，高等学校与政府的权力义务是由有关法律、法规预先设定的。因此，高等学校与教育行政机关的法律地位是不对等的，作为行政法律关系一方的行政机关，是代表国家并以国家名义来行使行政管理权的，处在领导者和管理者的地位，占据主导地位。在处理学校内部事务时，高等学校的法律地位体现在高等学校与教职工、学生的管理和被管理的关系上。

2. 高校的法人地位

《高等教育法》以法律的形式将我国高等学校的法人地位及自主权确定下来。《高等教育法》第三十条规定："高等学校自批准设立之日起取得法人资格，高等学校的校长为高等学校的法定代表人。"该法律条款明确规定了高等学校作为民事主体的法人地位，赋予高等学校在民事活动中享有民事权利并履行民事义务的资格。《高等教育法》在确定高等学校法人地位的同时，还规定了高等学校校长为法定代表人。法定代表人是依照法律或者法人组织章程规定，代表法人行使职权的负责人。高等学校校长是高等学校的负责人,是高等学校的法定代表人,校长执行职务的行为所产生的一切法律后果都应由高等学校承担。

高等学校作为法人应该具备四个方面的条件:一是要依法成立,即高等学校具备法人资格,必须符合相关法律关于高等学校成立的规定。二是有必要的财产或者经费。经费和财产是法人存在的必要条件,必备的办学资金和稳定的经费来源是高等学校成立的一个重要的法定条件。三是有自己的名称、组织机构和场所。名称是法人作为民事法律关系主体区别于其他民事法律关系主体的重要符号和标志。组织机构和场所则是法人从事活动的基本前提和存在形式。四是能够独立承担民事责任。作为民事法律关系的主体,法人依法享有各种民事权利,履行各种民事义务,在违法时也必须承担民事责任。

作为一种社会组织,高等学校的民事行为能力是通过其法定代表人来实现的,法定代表人对外以高等学校的名义实施的民事法律行为,即为高等学校本身的法律行为。作为法人的高等学校,也可通过其代理人进行民事活动,以实现其民事行为能力。当然,代理人以高等学校的名义实施的民事行为,需在其代理权限范围内。建立高等学校法人制度体现了调整政府与高等学校的关系、保障高等学校的自主权的立法意图。高等学校法人地位的确立,也使得高等学校在资金筹措、自主发展方面具有相应的权利和空间,促进了我国高等教育事业又好又快地发展。

3.高校的权利与义务

权利,是指法律对法律关系主体能够做出或不做出一定行为,以及要求他人相应做出或不做出一定行为的许可与保障。义务,即指法律所规定的对法律关系主体必须做出或不做出一定行为的约束。权利和义务既是对立的,又是统一的,二者相互依存、不可分割。高校作为教育法律关系的主体,在享有一定权利的同时履行一定的义务。

(1)高校的权利

根据我国《宪法》《教育法》等法律规定,高等学校享有的权利主要有以下七个。

①依照章程自主管理

大学章程是为推进依法治校和高校自我管理的法治化,由有权制定主体依据教育法律法规等上位法的规定,遵循相关制定程序,就大学的办学宗旨、目标任务、内部管理体制及人事、财务活动等重大基本问题形成的全局性、纲领性文件,是学校自主管理、自我约束、依法接受监督的基本依据。

《高等教育法》规定，申请设立高等学校的，应当向审批机关提交章程等材料。2011 年，教育部颁布的《高等学校章程制定暂行办法》规定："章程是高等学校依法自主办学、实施管理和履行公共职能的基本准则。高等学校应当以章程为依据，制定内部管理制度及规范性文件、实施办学和管理活动、开展社会合作。"因此，大学章程是高等学校依法自主管理的基本依据，依照章程自主管理是高等学校的法定权利。

②组织实施教育教学活动

教育教学活动是高等学校的中心工作，组织实施教育教学是高等学校的职责和权利。高等学校根据教学需要，依照学校章程自主制订教学计划、选编教材、组织开展教育教学活动。教育教学活动的具体形式有课堂教学、实践教学及课外活动等，其组织实施过程主要包括教学管理、教师教学、学生学习、课外活动和实习实践等方面。

③招生录取

招生权是高等学校的基本权利。《高等教育法》规定："高等学校根据社会需求、办学条件和国家核定的办学规模，制定招生方案，自主调节系科招生比例。"高等学校根据办学宗旨、办学条件和能力、培养目标、办学类型及规模，根据国家有关法律法规和招生规章制度、政策规定，坚持合理、公开、公平、科学的原则进行招生工作。高等学校可自主确定招生来源和具体招生人数；自主决定系科招生比例，根据专业特点对招收学生设置特殊规定的条件；在国家政策规定允许的范围内自主决定学生收费标准等。招生录取工作是高等教育的重要环节，高等学校要加强招生信息公开工作，深入推进招生录取"阳光工程"。随着高等教育考试招生制度改革的不断推进，高等学校的招生自主权将进一步扩大。

④学生管理

学生管理，是指对学生从入学到毕业的在校阶段的管理，是对高等学校学生学习、生活、行为的规范。高等学校有权依照国家有关法律法规和政策规定制定具体的学生管理规定或办法，报主管教育行政部门备案，并及时向学生公布。为维护高等学校正常的教育教学秩序和生活秩序，保障学生身心健康，促进学生德智体美劳全面发展，高等学校依照国家有关法律法规、政策规定和本校的学生管理办法实施学生管理。学生管理涵盖学籍管理、校园秩序与课外活动管理、奖励与处分等方面。

⑤颁发学业证书

学业证书是高等学校按照国家有关规定颁发的证明学生文化程度和学历水平

的证书，是学生经过学习并通过考试达到国家规定标准后获得的学业资格证明，受国家法律保护和认可。对受教育者颁发相应的学业证书，是高等学校的权利，同时也是其应履行的义务。《高等教育法》规定："接受高等学历教育的学生，由所在高等学校……根据其修业年限、学业成绩等，按照国家有关规定，发给相应的学历证书或者其他学业证书。接受非学历高等教育的学生，由所在高等学校或者其他高等教育机构发给相应的结业证书，结业证书应当载明修业年限和学业内容……公民通过接受高等教育或者自学，其学业水平达到国家规定的学位标准，可以向学位授予单位申请授予相应的学位。"根据国家法律法规和教育政策规定，通常学生在学校学习达到规定的标准，就应当获得毕业证书、结业证书或者学位证书。高等学校有权根据国家有关学生学业管理的规定，对经考核成绩合格的学生，按照其类别颁发相应证书。

⑥人事管理

根据国家法律法规和政策规定，高等学校享有一定的人事管理自主权。

高等学校有权根据办学目标、办学规模、人才培养目标和教育教学工作的需要，本着精简效能的原则，自主调整学校内部的机构设置。高等学校按照"按需设岗、公开招聘、平等竞争、择优聘用、严格考核、合同管理"的原则，全面推行聘用（聘任）制度；根据学科建设和教学、科研任务的需要，科学合理地设置教学科研、管理等各级各类岗位，明确岗位职责、任职条件、权利义务和聘任期限，按照规定程序对各级各类岗位实行公开招聘、平等竞争、择优聘用。高等学校和教职工在平等自愿的基础上，通过签订聘用（聘任）合同，确立受法律保护的人事关系。

高等学校依照国家有关法律法规和人事政策，坚持多劳多得、优劳优酬、水平合理、规范有序的原则，建立与岗位职责、工作业绩、实际贡献紧密联系和鼓励创造的分配激励机制，依照国家有关人事政策规定、学校人事分配办法及聘任合同的约定，为教职工发放工资、津贴、奖金等。同时，高等学校有权依照国家法律法规、政策规定和学校管理办法，对教职工进行表彰奖励或处分惩罚。

⑦资产管理及使用

高等学校对本单位的设施和经费有管理和使用权，这也是高等学校法人设立条件之一。《高等教育法》规定："高等学校对举办者提供的财产、国家财政性资助、受捐赠财产依法自主管理和使用。"《中华人民共和国民法通则》第七十一条规定："财产所有权是指所有人依法对自己的财产享有占用、使用、收益和处分的权利。"根据这一规定，高等学校对学校的场地、校舍、教学仪器设备、办学条件经费以及其他资产享有管理权和使用权。高等学校的财产受国家法律保护。《教育法》第七十二条规定："……破坏校舍、场地及其他财产的，由公安机关给予治安管理处罚；构成犯罪的，依法追究刑事责任。侵占学校及其他教育机构的校舍、场地及其他财产的，依法承担民事责任。"同时，高等学校对本单位的资产管理和使用要遵守国家有关法律法规的规定，不得侵害国家或举办者的财产权利。

（2）高校的义务

我国《宪法》《教育法》对学校的义务进行了规定，适用于高等学校。

①遵守法律法规

《宪法》第五条规定："一切国家机关和武装力量、各政党和各社会团体、各企业事业组织都必须遵守宪法和法律。一切违反宪法和法律的行为，必须予以追究。任何组织或者个人都不得有超越宪法和法律的特权。"高等学校是培养人的社会组织，遵守宪法、法律、行政法规、自治条例、单行条例、规章和规定是其必须履行的基本义务。对于违反法律和法规的行为，高等学校要承担由此所带来的法律后果。

②保证教育质量

高等学校应贯彻国家的教育方针，执行国家教育教学标准，保证教育教学质量。这项义务是《教育法》规定的学校的主要责任，是学校最根本的任务。高等学校在教育教学活动中，有义务贯彻国家的教育方针，按照国家教育教学标准，组织教育教学活动，达到教育教学质量，实现人才培养目标。《国家中长期教育改革和发展规划纲要（2010—2020年）》提出当前国家教育工作的方针是："优先发展、育人为本、改革创新、促进公平、提高质量。"并对全面贯彻党的教育方针提出明确要求："坚持教育为社会主义现代化建设服务，为人民服务，与生产劳动和社会实践相结合，培养德智体美全面发展的社会主义建设者和接班人。"提高质量是高等教育发展的核心任务，是建设高等教育强国的基本要求。高等学校要牢固确立人才培养的中心地位，着力培养信念坚定、品德优良、知识丰富、本领过硬的高素质专门人才和拔尖创新人才。

③维护师生员工合法权益

高等学校要自觉履行维护学生、教师和其他职工各项合法权益的义务，增强维护学生、教师和职工合法权益的意识。高等学校在行使学生管理、教师管理的职责时，要树立权责一致的法治意识。高等学校应按照依法治教、依法治校的要求，依据国家教育法律法规，通过正常的程序，制定学校管理规章制度。高等学校制定校内管理制度应有充足的法律法规依据，不得与法源性、规范性文件相冲突。在尚无法律具体规定的情况下，必须符合立法宗旨和立法目的，切实保证学生、教师的应有权利。高等学校要注重管理方式、管理行为的科学化、规范化和人性化，不得侵犯学生、教师及其他职工的合法权益，要尊重学生的受教育权以及教师、学生的各项合法权益。同时，要健全和完善学生、教师权益保障和救济体系。

④保障受教育者的知情权

高等学校必须以适当方式为受教育者及其监护人了解受教育者的学业成绩及其他有关情况提供便利。高等学校的这项义务职责是保障学生及其监护人的知情权，这样有利于学生的监护人参与教育活动，有利于对高等学校和教师的工作进行监督，也有利于保证学生在学业方面受到公正评价。"适当方式"是指学业成绩报告单、书面通知、家长会、家访等公开正当的方式。"监护人"一般指未成年人的父母，当父母没有监护能力或不能履行监护职责时，由未成年人的其他成年亲属或所在基层组织担任监护人。高等学校在履行此项义务时，要注意不得侵犯学生的隐私权、名誉权等合法权益，不得损害学生的身心健康。

⑤合理、公开收费

高等学校必须遵照国家有关规定收取费用并公开收费项目。我国从 1996 年开始，陆续出台了包括高等学校在内的各级各类学校的一系列收费政策，并建立了教育收费公示制度和教育收费决策听证制度。高等学校要依据国家和地方政府及有关部门关于教育收费的规定，按照成本分担原则，公平、合理确定本校收取学费、杂费的标准。2010 年教育部出台的《高等学校信息公开办法》规定，高等学校要公开收费项目、收费依据、收费标准及投诉方式。坚持教育收费公开制度，有利于保障学生、家长以及其他社会组织的知情权和监督权，让学生、家长明明白白缴费，有利于高等学校科学管理、规范管理，主动接受社会监督，促进高等学校依法治校。

⑥依法接受监督

监督是管理的重要环节，可以保证权利得到充分实现，义务得到有效履行。高等学校作为行政管理相对人和独立法人必须接受来自行政部门、司法部门、社会和公众依法对其进行的监督。主管行政部门有权依照法律法规和教育政策规定，对高等学校的工作进行监督、检查、督导和审计，高等学校应予以积极配合，不得拒绝、妨碍监督工作的正常进行。这项义务符合《教育法》第八条确立的"教育活动必须符合国家和社会公共利益"原则的基本要求。上级教育行政部门对高等学校的监督是依据隶属关系的层级监督，是一种十分重要、有效的监督形式，监督内容包括：对高校制定规章制度合法性的监督，对高校保障和维护学生、教师合法权益的监督等。在依法落实和扩大高等学校办学自主权的同时，国家教育行政部门应健全高等学校办学自主权监管体系，加强宏观管理，综合运用法律、政策、规划等必要的行政措施，进一步健全质量评估监测制度，改进评估办法，完善高等学校质量年度报告发布制度。

第三章 法治视域下的高校工作事务

本章为法治视域下的高校工作事务，主要介绍了三个方面的内容，分别是高校学生工作、高校教师管理以及高校日常管理，以使读者能够了解法治视域下的高校工作事务的具体内容。

第一节 高校学生工作

一、法治思维的内涵及意义

（一）法治思维的内涵

法治思维就是运用法律知识和法律关系来认识、分析社会活动、社会关系，解决社会问题。法治思维的现实意义主要在于通过不同的方式和方法追求合理性。法律的最终目的是有效稳定社会关系和规范社会秩序，为保障公民权利提供行为规范。因此，我们应更好地通过教育引导广大学生用法治思维去看待法律问题、分析法律问题、解决实际问题，正确处理学习和生活中可能遇到的法律冲突和矛盾，把这种法治思维的有效运用融入学生的生活中。

（二）法治思维的意义

1. 社会发展的需要

近年来，随着我国社会主义法治化的不断完善，各种维权的案例越来越多。在关于高校与广大学生的一些法律纠纷案件中也常会涉及学生管理上的案件。将部分同类高校学生事务管理工作引入更加规范的相关法律法规管理轨道，可避免部分同类高校学生事务管理工作缺乏其他相关合规法律依据，从而给部分高校学生事务管理工作负责人员减少不必要的麻烦和经济损失。

2.高校学生管理自身的需要

高校学生管理工作有其自身的基本特点和发展规律。虽然目前国家相关层面并没有出台相应的学校管理安全法律法规，但每一所学校往往都会根据自身的管理特点制定不同形式的安全管理实施办法和控制措施。这些管理办法和控制措施的目的是保证管理工作本身的正当性。这就要求我们不仅要不断提高现有法律制度和管理方法的适用性，同时还应在新形势下依法对其进行更新和完善。制定、完善学生管理具体措施仍然是加强高校学生法律管理工作的重要前提。因此，加强对我国高校学生管理体系法治化的研究，对促进我国高校学生管理更加规范化、科学化、合理化具有重要指导意义。

3.高校法治建设的需要

高等学校教育以专业教师和广大学生家长为教育主体，以教育培养一批合格的专业人才队伍为主要目的。一方面，学生仍然是接受学校教育的主要对象，校方对学生的教育管理是具有一定权威性和约束力的，学生有义务严格服从校方管理。另一方面，大学生是学校提供服务的主要对象，在教学发展过程中教师和学校管理者必须为学生学习提供各种服务性的功能。因此，学生管理作为高校最重要的环节，在高校工作中起着重要的作用，关系到学校的安全稳定，关系到学生的成长。运用法治思维加强高校学生管理工作，对推进高校依法行政具有重要意义。

二、高校学生管理工作面临的挑战

回溯教育事业的发展历程，我国的高校管理体制孕育于计划经济背景之下，体现出国家对教育实行高度集中、统一管理的特征。虽然近年来教育领域在持续改革与创新，但学校对学生的管理模式仍旧是典型的"行政管理模式"，过度依赖"行政方法"和手段。处于这般复杂而多变的情势中，要想引入法治思维，打开高校管理工作的新局面，唯有先对症结进行深度分析。在经过一系列剖析后发现，法治思维在高校学生管理工作中主要面临以下挑战。

（一）传统思维模式的阻碍

在高校学生管理工作中，法治思维的推进主要面临以下三种传统思维模式的阻碍。

1.行政思维

这种"管理与被管理"在传统思维模式中最为常见，它最大的特点是凸显了管理与服从，却隐藏了尊重与服务。大学时期是人生情感体验最丰富的时期，大学生易兴奋、易激动，情绪体验强烈，处理问题也易偏激，因为一时的不平等感受而产生反抗心理的现象时有发生。从某种程度上来看，这将会为稳定有序地开展学生管理工作埋下隐患。因此，我们必须重申这样一种意识：一方面，学校有权力约束和管理学生，学生也有义务对其服从，二者之间的确存在一种"不平等"的行政法律关系；另一方面，学校有义务为学生提供合理的教育教学资源，学生有权利享受便利的学校服务，二者之间还存在一种"平等"的民事法律关系。相较之下，传统的行政思维模式则过于强调规范学生行为和维护校园秩序，忽视了当代大学生的差异发展和多元化价值诉求，单纯地将"学生管理工作"视作"管理学生的工作"，错误地理解了学生管理工作是为了保障学生权利、促进学生成长成才的初衷。

2. 维稳思维

很多高校在处理学生问题时，秉承着"维稳是第一要义"的理念，结果往往陷入"越维稳越不稳"的怪圈。这说明，用维稳的方式去处理学生管理工作中的众多难题是远远不够的。我们应当明晰，大多数高校存在的问题只是正常的利益冲突，因此必须根据实际情况通过规则或者制度去寻求法律上的解决途径。

3. 德治思维

大部分高校过于推崇用思想政治教育的方式开展学生管理工作，即便是存在学生可能违法的风险，往往也会选择"德治"的方式来"大事化小，小事化了"，弃法治化管理的方法于不顾。从表面上看，问题似乎从情理层面被完美解决，但实际上往往隐藏着巨大的风险。正是这些因素的存在，导致法治思维、法治化管理与"依法执教"理念在很长一段时间内都无法真正得到推进。如何将法治思维有效结合，形成德法并序的高校学生管理模式，亟待研究和探索。

（二）管理主体素质的低下

高校学生管理人员是从事学生管理工作的一线人员，尤其是辅导员和班主任，他们对学生的管理，范围广、内容具体，包括思想政治教育与管理、学习管理、生活管理、课外活动管理、纪律管理等方方面面，其综合素质的高低直接影响着高校学生管理工作的水平。然而，很多高校学生管理人员所了解、所储备的法律基础知识太少，法治意识也十分淡薄；不仅缺乏主动学习法律知识的积极性，还疏于了解与学校相关的法律规定，更勿论将法律知识运用于学生管理工作之中。同时，受传统的行政思维模式影响，将行政事务管理当作学生管理工作的重点，工作以上传下达为主，重"管"轻"理"，管教、管制居多，治理、道理相对较少甚至缺失，忽视了法律视域下学生主体地位的变化和学生程序性权利的存在。如此这般，既不了解国家动向，也不了解学生发展的方向，又如何谈及真正意义上的"管理"。这势必导致高校学生管理人员在具体工作中难分主次，进而产生法律、政策混淆的问题，从而给学生管理工作造成极大的负面影响，严重拉低高校学生管理工作的整体水平。

（三）高校管理制度的脱离

高校拥有"依法自主办校"的权利，意味着高校在办校时须严格遵循"依法"和"自主"的双重内涵。但实际情况是，推崇"自主"而罔顾"依法"的现象时有发生，运用法治理念和法治思维办校的愿景远没有实现。这突出表现为，高校学生管理工作的文件常常以"行政条文"或"类行政条文"为主，命令式、服从式要求贯穿其中，而合理性、合法性根基缺失，难以支撑其实现高校管理和风险防范的双重目标。待出现问题后再寻求法律支持，难免有"亡羊补牢，为时已晚"的意味。例如，近年来新闻媒体屡屡爆出一些乱象：有高校强制要求学生"打卡"各种校园活动、讲座，否则不能评奖评优评先；有高校规定不通过大学生英语四级考试、计算机二级考试等，就不能获得毕业证或学位证；还有高校甚至明令禁止大学生谈恋爱，违反将给予纪律处分甚至开除学籍……这些现象恰好反映出部分高校在办校办学过程中，制定的规章制度缺乏法律支撑、采取的管理手段过于简单粗暴，不仅违背了法律赋予其自主权利的精神内涵，还严重侵犯了大学生的合法权益，同时也将学校带入社会舆论的漩涡之中。因此，如何做到在依法办校的前提下行使自主办校的权利，如何将法律制度和精神的要求外化于高校的规章制度之中，如何将风险防范与管理的端口提前以替代事后的处理与救济，是高校必须攻克的难题。只有解决这些问题，才能真正做到依法办校、自主办校、科学办校，才能真正走向"法教融合"。

三、法治思维运用的方式和途径

作为一种新的破解之法，法治思维和法治方式被引入当前高校学生管理工作的攻坚战中。引入的关键考量在于，将法治思维运用到高校学生管理工作当中，不仅有利于高校结合学校发展和学生事务管理的特点来完善管理措施和办法，还有利于规避高校与学生之间产生"法律纠纷"的风险。从长远来看，它必将有力推动学校的规范化管理、法治化建设与科学化发展。要想实现这一目标，需从以下几个方面出发。

（一）培育高校管理人员的法治理念

法治思维是落实依法治国方针的要求，是推进依法办校治校的关键。此种思维模式要求：在高校学生管理工作中，管理人员要始终坚持"以人为本，权利至上"的理念，要时刻牢记"权利本位"而非"权力本位"，要充分运用法治思维解决问题。由此，高校学生管理人员的法治思维构建工作，将被推向一个新局面。在这个新局面中，高校学生管理人员将勇于打破传统思维模式的桎梏，切实树立"以法为本""以学生为中心"的理念，真正做到依法执教、依法治校；将充分明确自身的权利职责范围，认真遵循相应的程序和规范，真正做到不滥用权力、科学规范管理，使法治思维的理念真正融入学生管理、学校生活等各个方面。

（二）优化高校学生管理的制度体系

高校的规章制度不仅为其管理工作提供了顶层设计和刚性规定，也为法治思维与教育事务的融合提供了可能、奠定了根基。此种制度设计是高校开展管理工作的重要前提，不仅高校在进行事务管理时需要认真遵循，学生在进行学习与生活时也要严格遵守。因此，优化高校学生管理的制度体系，应当成为一个常态性的话题。这个话题意味着要实现依法治校，高校的规章制度必须符合法律精神，内容上不得与法律法规相抵触；高校必须严格按照《教育法》《教师法》《高等教育法》《普通高等学校学生管理规定》等相关法律法规，结合学校的自身情况，制定学校的规章制度。具体而言，主要有三个方面应当遵循：第一，学校规章制度要符合法治精神，要严格遵循法律法规，不得与现有的法律规定相违背；第二，学校要严格遵守法律保留原则，不具备相关制定资格的内容不能制定；第三，高校所制定的规章制度必须基于法律的授权，并且制定时不得超出法律授权的范围。

（三）构建公平公正的校园环境

高校的思想教育文化环境和文化氛围是高校在长期运行发展过程中逐渐形成的一种独特的教育精神风貌，对每一个教学班级的全体学生的思想教育发展起着潜移默化的推动作用。一方面，建设良好的高校法治教育管理环境应始终坚持以人为本的公开、公平、公正管理原则，通过对高校学生教育管理工作中各种法律事务的有效处理，通过日常管理工作的有效开展逐步完成。关键在于如何依法科学正确处理好大学生日常工作生活中的具体实际问题，如何在引导学生中形成"公平公正公开"的良好氛围。另一方面，要高度重视法治意识宣传教育培训工作，营造良好的法治宣传教育工作氛围。做好法治思想宣传教育工作，是营造良好法治氛围的重要途径。高校可以通过各种媒体进行宣传，然后，通过课堂教育和宣传，充分发挥课堂教学的教育功能。法治宣传应成为全体教职工的共同责任。将学校法治宣传与课堂教学实践活动有机结合，可以有效提高学校法治宣传的效果。高校还可以组织开展与法治宣传教育相关的系列活动，让高校教师和广大学生积极参与其中，这也是不断提高学校法治宣传效果的有效措施，它不仅能提高教育参与者的理论积极性和实践主动性，还能使法治教育思想深入人心。

四、大学生法治教育

（一）法治宣传教育的重要性和必要性

加强法治教育是依法治国的根本，同时也是高校发展的基本方略，这对有效提高高校师生的法律意识、法律素养以及推动高校的法治化建设都具有非常重要的作用。法治理念是对法治功能、性质、目标方向以及价值取向等问题的系统认识与反映。其中，法治精神是法治活动的思想核心，同时也是法治实践过程中奉行的原则。对于高校而言，作为育人、授业的主要场所，同时也是传播和孕育先进文化的阵地，高校领导、管理人员以及教师在以德树人、依法治校方面起到了基础和主导作用。贯彻落实十八届四中全会精神，首先要培养高校领导、教师的法治意识，在提高高校师生及工作人员法律素质的同时，进一步强化师生、员工的法治理念，增强其守法、用法的自觉性，推进依法治教、依法治校目标的实现。

随着我国教育治理体系和治理能力现代化的不断推进，高等教育体制改革不断向纵深发展。作为一个相对比较开放的系统，高校与社会之间的交融越发紧密，一些不良社会现象在高校中也逐渐蔓延开来。一些高校的领导、教师较为缺乏法治理念，依法办事的习惯还没有养成。同时，一些教师、学生还不善于利用法律武器来维权，或者依照法律规定和要求来正确表达自己的观点和利益诉求，以至于出现许多矛盾纠纷。长期以来，高校在法治宣传教育过程中，更加侧重于具体的法律规定内容，而忽视了培养师生员工的法治精神以及法治理念。从本质上来讲，普法教育并非要求每一个学习者都精通法律，更不是要求他们去背诵法律条文，而是在高校校园中形成以法律理念为支撑，依法办事、依法治校的制度体系、运行机制和法治文化。因此，在高校法治教育实践中，应当重点强化法治理念、法治精神培育，将真正的法律精神、法律意识融入师生、员工的思想之中，使高校师生、员工成为社会主义法治的忠实崇尚者、自觉遵守者和坚定捍卫者。

（二）加强大学生法治教育

加强大学生法治教育，是推进依法治校的题中应有之义，是培养社会主义合格公民的重要举措，更是建设社会主义法治国家、法治政府、法治社会的必然要求和客观需要。作为社会主义事业的建设者和接班人，当代大学生不仅要有较高的思想素质，还要有较高的法律素质。高校要重视和培养大学生的法律素质，大学生既要学习了解国家的法律制度，掌握具体的法律知识，更要增强法律意识，培育法治精神。随着经济社会的快速发展和信息技术的深刻变革，一些道德失范、诚信缺失、违法乱纪的现象也不可避免地出现在大学校园中，出现了个别大学生突破道德底线，甚至触犯国家法律法规等影响恶劣的案例。这些案例教训深刻、发人深省。在当前，增强法律意识与培育法治精神，最为重要的是学习领会社会主义法律精神，增强社会主义法治观念，增强国家安全意识，提高社会主义法律修养。

1. 充分发挥课堂的主渠道作用

加强大学生法治教育，关键在教育教学。高校要将法治教育纳入教育教学全过程，并与道德教育相结合。具体如充分发挥课程教学的主渠道作用，将大学生道德教育和法治教育纳入人才培养总体方案，开好、讲好"思想道德与法律基础"等课程，不断拓展法治教育和道德教育的内容。在法治教育方面，重点是有目的、有计划、有组织地对大学生进行以传授常识性、基础性法律知识为主要内容的社会主义民主法治教育，培养具有社会主义法治意识和法治观念，具有较高法律素质的合格人才。 在形势政策课教学中，不断丰富、完善道德教育和法治教育的理论内涵、属性特征和主要形式，突出体现道德教育和法治教育的重要作用，形成道德教育和法治教育的教育教学体系，构建道德教育和法治教育教学的长效机制。另外，结合大学生的时代特点，强化社会主义核心价值观教育，突出道德教育和法治教育专题，以故事感染人、以案件警示人，不断深化大学生对道德教育和法治教育的理解，引导他们遵德守礼、知法守法、健康向上。还要定期开设专题辅导课，结合高校实际，不断拓展大学生道德教育和法治教育的新途径；要结合当代大学生的特点，将道德教育和法治教育深入网络新媒体，通过开设专题网站，开通网上课程，运用QQ、微博和微信平台，牢牢占领道德教育和法治教育的网络阵地，努力让大学生将道德规范和法治规范内化于心、外化于行。

2.丰富法治教育活动载体

高校要进一步将法治教育和道德教育拓展到校园文化建设和实践育人活动中，纳入人才培养全过程。具体如：广泛开展"法治宣传教育和道德建设月"活动，以"12·4"全国法制宣传日为节点，通过法律法规宣传、法律知识测试和竞赛、演讲比赛、主题征文以及专家报告等形式，大力营造"知法、懂法、守法、用法"的氛围；开展主题鲜明、形式多样的党团和班级组织、社团组织活动；发挥大学生党团组织和班级组织、社团组织的积极作用和大学生党员的模范带头作用，并指导他们围绕道德教育和法治教育主题，开展党团特色活动、主题班会活动等系列活动，教育引导大学生实现"自我教育、自我管理、自我服务"；强化实践育人功能，将道德教育和法治教育拓展到实习实训、志愿服务、就业创业等实践活动中，积极开展道德教育和法治教育实践活动，引导大学生接触社会、了解社会，学会自我保护；充分利用社会法治教育资源，丰富法治教育的形式，运用网络手段，加快优质法治教育资源的普及与推广，以多种形式推进校园法治文化建设，积极创建校外法治教育实践基地。

3.加强法治教育队伍建设

高校要按照标准配齐专兼职辅导员、班主任，强化辅导员作为思想政治教育的组织者和指导者的职能，充分发挥班主任的作用，不断加强思想政治教育和德育教师队伍建设；认真做到"四落实"，即落实法治教育和道德教育课程的课时、教材、师资、经费，特别是不断充实师资队伍，提高教师的教学能力；加强法治教育宣传工作队伍建设，充分发挥本校法律院系教师和大学生、离退休法律工作者、法律志愿者等专业人员的积极作用，使其为学校法治教育服务。

4.营造良好的法治教育氛围

高校人才比较集中，而且大学生的思想也非常活跃，要结合高校特点营造高品位、法治化的校园文化氛围。高校的各项管理工作要转变理念和模式，将传统的人治变为法治，以法律为行为指导，全面贯彻和落实各项法律法规，让学生们深切地感受和认识到该做什么、如何去做；严明校风校纪，做到有法必依、令行禁止，若不遵纪守法必将受到相应处罚。在加强学生法治教育的过程中，高校还应当结合实际情况和资源，开展学生们比较容易接受、形式多样的法治教育活动，宣传社会主义荣辱观，扬正抑邪，使学生养成依法办事的良好行为习惯。高校要探索建立大学生诚信管理档案，严格按照国家法律规范，依法实事求是地记录大学生诚信守法情况，并纳入大学生档案，使道德规范和法律规范变成大学生自觉遵守的行为规范；同时建立完善学校、家庭、社会"三位一体"的教育体系，探索建立高校与家长、社会经常性沟通的有效途径，不断完善家庭、社会共同参与的高校德育工作和法治工作评价机制；通过引导家庭和社会参与，使其及时掌握、解决学生思想上、情感上、生活上和学习上出现的困难，重点做好对家庭经济困难的学生、女大学生等群体的帮助，促进全体大学生健康快乐成长、成才。

五、高校学生工作事例分析

（一）学生重大疾病处理工作分析

1. 处理办法

（1）及时向相关负责人汇报，便于工作推进

首先，辅导员与学生之间保持良好的沟通，便于辅导员第一时间发现问题，掌握具体情况，将过程和检查结果第一时间反馈给家长，以便家长及时赶到医院，一起跟进。其次，学生管理者收集完整材料，将事件汇报给有关领导，听取意见，将相关病例、结果复印好一份，便于给学生办理请假手续。

（2）协助办理各手续，解决后顾之忧，让其安心养病

辅导员联系教务处，帮学生办好休学手续，使其安心养病，不用担心上课缺课、学习成绩等问题；联系校门诊，帮其申请医保报销等。

（3）发动爱心募捐，帮其解决困难

辅导员帮其写倡导书，将其病情告知师生，希望大家伸出友谊之手，帮助其渡过困难。

2. 启示与思考

（1）防患于未然，将危机化解于萌芽阶段

大学生突发事件，看似突然，实质上是一个由潜伏到诱因转发，再到最终爆发的过程。对于突发疾病，首先应以预防为主，应做好学生体质检查报告的收集，对体质异常的学生，应建立好跟踪档案并列为特别关注的对象，辅导员平时对其多予以关心，提前做到有针对、有预防、有跟踪，这样一旦发生特殊情况，辅导员能第一时间反馈到位，便于争取时间。

（2）做好班委一线学生干部的培养

从发现问题，到反馈问题，再到解决问题，最为一线的，应该是舍友和班委，因此做好班委一线学生干部的培养工作，应该作为学生工作的第一要务，平时辅

导员应该多参与学生班级建设，多召开干部学习工作会议，与学生间保持良好的沟通。

（二）大学生就业法律指导

1. 指导思想

随着高等教育大众化进程的加快，大学生就业形势日益严峻，在面临"求职难"问题的同时，很多毕业生也面临"法律难"的问题。部分大学生因缺乏就业法律知识和社会经验，容易遭遇"求职陷阱"，上当受骗或陷入法律纠纷。目前社会上和高校中普遍缺乏针对大学生开设的就业法律课程或提供的就业法律指导服务，而部分大学生也较少主动学习相关法律知识。

习近平总书记在考察中国政法大学时强调，全面依法治国是坚持和发展中国特色社会主义的本质要求和重要保障，事关我们党执政兴国，事关人民幸福安康，事关党和国家事业发展。而全面依法治国并不能仅依靠法律工作者，更应将法律知识普及给广大群众。大学生作为祖国的栋梁，应是学习、运用和传播法律知识的主力军。教育部在《全面推进依法治校实施纲要》中也要求：全面提高校长、教职工和学生的法律素质，加强公民意识教育，培养社会主义合格公民。

随着社会发展和科技进步，人们已步入新媒体时代，在大学生群体中，目前新媒体已成为比较流行的获取信息和知识，以及进行沟通交流的渠道。习近平总书记在全国高校思想政治工作会议上指出："要运用新媒体新技术使工作活起来，推动思想政治工作传统优势同信息技术高度融合，增强时代感和吸引力。"因此，只有充分了解新媒体的特点和高校大学生就业法律工作的现状，才能推动大学生就业法律工作的开展。

2. 大学生就业法律指导工作的现状与问题

（1）学生法律意识淡薄，维权能力偏弱

国家要建设法治社会，大学生是文化程度比较高的群体，应成为法治建设的主力军。但部分大学生的法律意识仍然比较淡薄，除法学专业的学生外，可能部分大学生对法律知识的接触仅限于"思想道德修养与法律基础"课程所涉及的法律概念或影视作品里的内容。学生本人也容易缺乏对法律知识的重视，经常是遇到法律问题后，才开始接触和学习相关法律知识，解决法律问题和维权能力偏弱。

（2）师资配备不足，课程设置缺乏

我国高校目前对非法学专业的学生，并未设置专门的法律基础必修课，而大部分思政课教师并非法学专业出身，难以对法律知识进行专业的讲解。虽然具有法学专业背景的工作人员数目近年来在不断提升，但所占比例依然不高。许多教师本身的就业法律知识储备不足，故难以开展面对大学生的规模化就业法律教育和指导工作。

（3）指导方式单一，结合实际不够

目前大学生就业法律指导工作，更多停留在理论研究层面。在实际工作中大多以临时性团体讲座模式展开，缺乏课程体系和知识容量，并且有时间和地理位置的限制。对于个案咨询，若就业指导教师缺乏法律背景，无法进行专业解答，需转介给相关法律专业人士，这样某些就业法律问题可能未能及时准确地解答，容易造成毕业生对就业服务满意度不高。

3. 启示与思考

（1）新媒体平台开展就业法律指导工作的优势

在以信息化为主导的新媒体时代，大学生教育工作应与时代紧密契合。新媒体平台具有信息发布便捷、传播速度快、影响面广、互动性强和成本低廉等特点，可在大学生教育中发挥巨大的作用。

①可提高学生对相关信息的接触程度

在新媒体平台上，学生可通过移动终端进行便捷的信息交流和互动，发布方可以点面结合发布各类信息。对于就业法律知识，可以有针对性地向求职及工作人群进行传播，积极引导大学生关注相关平台，而平台可以及时把知识发送到主页和学生账号上，拓宽信息传播渠道。

②可提高学生对相关信息的接受程度

作为平台的运营者，其可在合适的条件下结合活泼的宣传形式，贴合年轻人的实际需求，编辑材料，发布信息；可以结合真实案例分析、语音课堂和漫画等形式，把常人眼中"枯燥严肃"的法律知识以"接地气"的形式普及给用户，提高用户对信息的接受度。

③可结合时政热点确保信息时效性

因新媒体平台可通过电脑或手机编辑和发布信息，运营者可紧跟时政热点和学生需求，及时发布相关内容，从而确保信息的时效性。

（2）新媒体环境下就业法律工作的途径与方式

由于新媒体的普及，信息的传播更加迅速。同时，新媒体也成为当下学生了解和学习法律知识的一个平台。首先，学生可以在通过新媒体平台进行视听娱乐时了解和学习法律知识；其次，学生可以通过新媒体平台主动搜索相关法律内容。

一般情况下，学生在遇到法律方面的问题时，首先会想到通过新媒体平台寻求解决办法。

①着力提升大学生学法的能动性

内因是事物发展的根据，只有提升了大学生学法的能动性，才能有效地提升法律知识普及程度。社会、学校和家长应通力合作，通过多方面的宣传和教育，加强大学生对法律的了解和认识，使其明白法律在日常生活中的重要性。还要让大学生认识到，他们作为具有完全民事行为能力的人，家长、学校、社会这些都只能对其成长起辅助作用，最重要的决策者和行动者是其本人。在信息时代，作为一名大学生，其应该主动去获取资源，丰富自身知识储备，而非应试教育阶段的"被动式学习"，并应该学会对自己的行为负责，勇敢地面对结果和解决问题。

②加强就业法律指导师资培养和指导服务体系建设

a.高校应加强就业法律指导师资培养。可以通过招聘、培训和进修等方式，丰富工作人员的就业法律知识，提高法律专业人员的比例，培养解决和处理就业法律问题的专业师资，建设一支专兼结合的就业法律指导师资队伍。

b.高校应结合大学生的实际需求，建设"团体—个体"和"线上—线下"的就业指导服务体系。可以通过开设就业法律知识通识课程普及基础就业法律知识，借助新媒体平台和传统教学咨询服务构建"线上—线下"联动模式，为大学生提供全方位的就业法律指导服务。

③加强新媒体普法阵地建设

在提升大学生学法能动性的同时，运用微信公众号等新媒体平台可创设就业法律普及的外部条件。高校可以建设新媒体平台，通过构建"线上—线下"的联动模式，拓展就业法律知识的普及和咨询渠道，丰富宣传内容。

a.贴合学生实际所需。通过设置"就业法律"栏目，将线上和线下所做的真实咨询案例和媒体报道总结成文，立足学生特点，贴合用户实际需求，进行发布和汇总，方便用户查阅和学习。

b.加强师生联动。大学生可通过新媒体的后台留言功能进行线上咨询，突破了时间和空间的限制。运营者可通过手机或电脑终端上线解答，有利于加强师生交流，做好精准就业帮扶工作。

c.构建宣传教育新模式。新媒体如微信是目前中国用户数量最多的社交软件之一，在学生群体中具有很大的优势和用户基础。就业法律知识文章发布后，能第一时间发布到学生的手机上，也能通过用户之间的转发和发布朋友圈，进行广泛的传播，扩大受众群体。

（三）依法处理宿舍人际关系

一些因宿舍琐事引发的恶性案件给大学生的宿舍人际关系亮起"红灯"，也引起对大学生人际关系越来越多的思考。身为辅导员，对学生的宿舍人际关系问题的处理应加以重视。

宿舍是大学生主要的生活学习场所，宿舍相比其他的学生组织对学生起到的影响更为直接和明显。宿舍人际关系直接影响到宿舍成员的学习、生活甚至健康，很多大学生希望能够处理好与舍友的关系，拥有一个良好的宿舍环境，但是对于人际交往的艺术和技巧所知不多或比较片面，往往凭直觉、经验甚至情绪来处理各种人际问题，经常会弄巧成拙，甚至事与愿违，导致了各种人际冲突的发生。当学生发生人际冲突时，如何正确处理并引导是辅导员需要思考的问题。

1.谨慎处理学生宿舍人际冲突，疏导学生情绪

学生宿舍的人际冲突，多数由日常琐事引发，在累积过程中，各方均有过失，已经难以仔细界定孰是孰非。在面对宿舍人际冲突时，辅导员不能简单地进行批评、指责，而是应该先倾听学生讲述事情的原因、经过，站在学生的角度，以体谅、尊重为前提，在学生犯错误时给予忠告和指正，争取在解决问题的同时给予学生温暖和关怀，促使学生反思，使学生愤怒不满的情绪得以平复，避免事件扩大。

2.规范宿舍事件应急处理方案，注重防微杜渐

辅导员在处理学生宿舍冲突事件时，要求学生写下事件的相关情况和个人思考，也就是书面检讨书，这是辅导员工作过程的重要证明，也是学生再次发生类似情况时采取严厉措施的依据。在日常生活中，要通过学生党员、学生干部、班干部、舍长等群体的"眼睛""耳朵"的作用，对学生群体中存在的异常情况及时掌握，尽量在事件萌芽阶段或未演变成较大事件前处理。

3.及时与学生家长沟通，实现共同促进

辅导员在处理事件时，与双方学生家长进行沟通，通报事件的经过和处理情况，能避免学生向家长陈述事件时有所隐瞒，造成家长对学校处理产生误解。同时可以让家长及时了解学生在校情况，避免发生突发事件时家长因心理准备不足而对学校产生误解。

4.及时关注人际冲突，提高思想认识

通报事件，借此提高学生的思想认识，并引导学生正确、冷静对待和处理类似情况。在发现其他同学发生或可能发生类似冲突事件时应发挥积极的协调作用，防止事态进一步扩大。

5.加强法制观念教育，注重品德建设

有一些学生存在藐视课堂纪律、早操早读缺勤、不服从管理等问题，这些都折射出学生的法制观念缺失。因此高校应加强法制观念教育，明确不能逾越的界限，使学生学会用冷静、克制、理性、长远的眼光看待问题，不轻易触犯校规校纪，约束自身行为，树立法制观念，从而有效杜绝类似冲突事件的发生。

6.加强学生心理管理教育，提高人际交往技巧

现在的大学生多数是家中的独生子女，在家中享有较高的待遇，来到学校面对着完全陌生的环境，还要与一群陌生人共同分享寝室空间，由于环境差异、人际交往技巧缺失，很容易心理受挫，因而高校需加强学生的心理管理教育，通过开展心理讲座、开设心理课程等方式方法，让学生了解一些心理现象并知道相应的调适方法，从而帮助学生顺利完成学业。

（四）依法依规管理校园事务

1.基本理念

《普通高等学校学生管理规定》明确规定："学校应适当建立和完善学生参与民主管理的组织形式，支持和保障学生依法参与学校管理的民主权利。"新时代高校"以学生为中心"的理念贯彻实施的一项重要举措是学生参与学校民主管理。学生会可以代表学生们与学校高层及问题参与者就所面对的问题做出协商，最后给出解决问题的切实有效的方案，再给予实施。可以说，学生会是沟通学生与学校的桥梁。

"民主管理"是指管理者在"公平、公正、公开"的原则下，通过科学宣传管理思想，协调各方组织力量，实施各种行为从而达到管理目的的一种管理方法。民主管理要求充分发挥每一个人的主体能力，民主管理又是一种群众参与下的少数人服从多数人的管理。涉及学生利益范畴的学校"民主管理"主要是指学校在制定发展规划、进行校园文化建设、制定各项规章制度时，尽可能地征询广大学生的建议和意见，充分整理与统计学生的建议和意见后，再实施，其中主要涉及学生的生活、奖惩等方面。大学生参与学校民主管理不能是学生单方面的主观意愿，也不能是学校行政部门主导一切。

学生会在与学校的沟通中，应充分考虑广大学生的共同权益，在沟通过程中提出各种提案，这些提案反映了学校日常管理中的各种问题，相关问题最终由学校的各个职能部门落实解决。这一制度让学生以民主制的方式全面地参与学校日常的管理，增强了学生对学校管理的知情权、决策权和监督权，也充分发挥了学生的主观能动性。

2. 经验反思

在社交媒体快速发展的时代，舆论力量大，信息传播速度快，因此及时高效地把握事件发生缘由和发展方向极为重要。

校园里，学生会积极参与学校的民主管理，代表学生与校领导及问题参与者就所面对的问题做出协商，最后给出解决问题的方案，再给予实施，因此在服务学生时必须心系学生，积极倾听学生心声，敢于为学生发声，保护学生权益，传播公平、公正、公开的民主思想。在服务过程中没有调研就没有发言权，学生会应一切从实际出发，实事求是，不虚不假，为学生与学校搭建沟通的桥梁。高校在事情的处理上不可盲目、自以为是，需多对比多学习，加强与其他高校的交流，取他人之所长，汲取经验，避免走弯路。

学生会作为沟通学生与学校的桥梁，既要不偏不倚，也要明是非，知善恶。学生会参与学校民主管理，应代表广大学生的共同权益，不能只是学生个人或小群体的利益。在解决问题过程中，要善于言谈，理解语言的魅力，不可因言语不当将矛盾激化；需提升自身法治意识，以身作则，明确介入事件是将事情解决，而非把事件激化。学生会也要作为积极正面思想的传播者，授人以鱼不如授人以渔，在工作过程中潜移默化地引导学生，更好地服务学生。

第二节　高校教师管理

教师是立校之本，"大学者，非谓有大楼之谓也，有大师之谓也"。习近平总书记在 2017 年的教师节深情地说："一个人遇到一个好老师是人生的幸运，一个学校拥有好老师是学校的光荣，一个民族源源不断涌现出一批又一批好老师则是民族的希望。"要办好一所学校，就要抓住教师这个根本，本立而道生。学校里的所有工作、所有改进措施都应以教师为基点，循此生发和延展。

一、高校教师依法治校意识调查

以下重点围绕高校教师依法治校意识展开调查，从学法、用法及依法办事三个维度调查了一线教师对学校依法治校重要理念的了解情况、对依法治校纳入学校工作议程的了解情况、参与学校依法治校方案实施情况、对学校章程及执行机制的了解情况以及对各方面管理制度内容合法性、公正性及公开性情况的满意度，对各项管理制度切实有效执行整体情况的满意度等。

（一）学法

关于高校一线教师是否了解学校将依法治校作为办学的重要理念，调查显示，83.59%的一线教师对此了解。关于高校一线教师是否了解学校将依法治校纳入学校工作议程，调查显示，69.53%的一线教师对此了解。关于高校一线教师是否参与到学校依法治校方案实施中，调查显示，仅有51.56%的一线教师参与其中。关于高校一线教师是否了解学校章程及执行机制，调查显示，有74.22%的一线教师对此了解。具体调查结果如图3-1所示。由此可见，当前高校一线教师对依法治校宏观层面的理念是了解的，但依法治校方面的实践较欠缺。

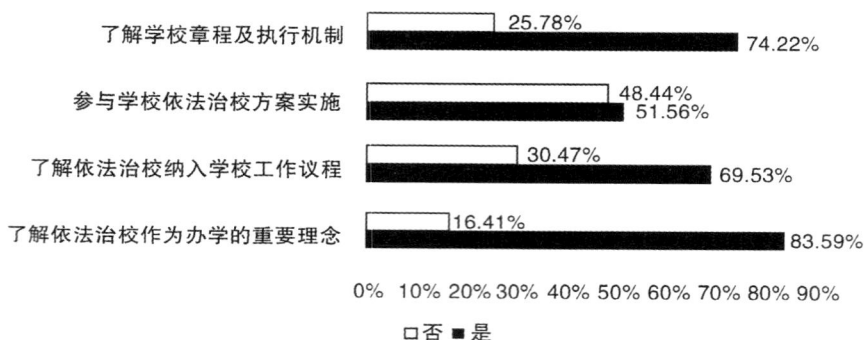

图 3-1 一线教师对学校依法治校的了解及参与情况

（二）用法

在对依法治校理念的认识方面，仅有42.19%的一线教师认识较深，有高达46.88%的一线教师认识一般，还有10.93%的一线教师认识较浅，具体如图3-2所示。由此可见，当前高校一线教师对依法治校理念认识欠缺，导致其在用法上也存在不足。

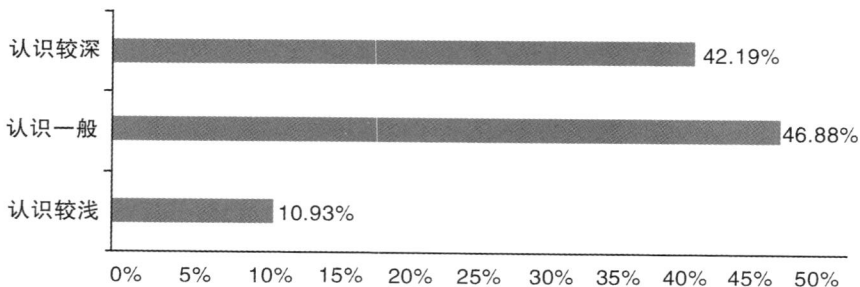

图 3-2 一线教师对依法治校理念的认识情况

在一线教师对学校依法治校执行情况总体看法方面，认为执行得非常好的占25%，认为执行得好的占41.41%，认为执行得一般的占30.47%，认为执行得不佳或执行得很差的各占1.56%。基于调查，研究者针对不同学校一线教师对学校依法治校执行情况总体看法的差异，应用SPSS21.0统计分析软件进行方差分析，结果如表3-1所示。

表3-1　不同学校一线教师对学校依法治校执行情况总体看法差异

项目	平方和	df	均方	F	显著性
组间	10.055	6	1.676	2.394	0.032
组内	84.687	121	0.700		
总数	94.742	127			

可以看出，各高校一线教师对学校依法治校执行情况总体看法存在显著差异（$P<0.05$）。可见，虽然高校教师普遍反映学校依法治校执行情况较好，但学校之间存在差异，反映出部分学校在依法治校执行方面不佳。

（三）依法办事

对于教职工权利和义务是否有明确的规定方面，调查显示，58.59%的一线教师反映全部都有明确的规定，36.72%的一线教师反映有些有明确的规定，有些没有规定，4.69%的一线教师反映没有明确的规定，可见，高校关于教职工权利和义务方面的规定需要进一步加强。

二、强化高校教师弘扬法治精神

（一）充分发挥党的政治核心作用

高校应充分发挥党的政治核心作用，更好地引领学校教职工进行法治精神的学习。

加强党对高校的领导，确立高校党委的政治核心地位，是由我国的国家性质和我党的执政地位所决定的。高校的党组织是党在社会基层组织中的战斗堡垒，是党的战斗力基础的重要组成部分，这是党章赋予高校党组织的重要地位。所以，在推进依法治校的进程中，必须加强党对高校的领导，充分发挥其政治优势，坚持和把握正确的办学方向，同市场机制紧密结合起来，形成强大的政治核心，调动一切积极因素，凝心聚力，推动学校的可持续健康发展。在高校的办学实践中，党委要积极发挥协调沟通、决策参谋作用，和谐处理各方面利益关系，引导学校遵循市场规律与教育规律，正确处理经济效益与社会效益的关系，打造学校特色和品牌，提高学校的社会形象和声誉。

党组织应积极引导全校师生进行法治精神学习，日常工作中，应加强党性教育，增强学生学习习近平新时代中国特色社会主义思想的自觉性，因为习近平新时代中国特色社会主义思想是马克思主义中国化的最新成果，是建设中国特色社会主义的理论指南和行动遵循，坚持习近平新时代中国特色社会主义思想，就是坚持马克思主义；同时激发教职工学习法律法规的意识，以党员的先锋模范作用来体现党组织的整体影响力和战斗力，从而提高学校决策的执行力。另外，加强党委对教职工代表大会、工会的领导，也是促进校园法治精神学习的有效体现。党委领导下的教职工代表大会、工会是高校民主管理的基本形式，是教职工参与民主决策、民主管理、民主监督的机构，是高校强化依法治校的重要途径。这有利于促进学校决策的科学化、民主化，有利于增强教职工的归属感，也有助于提升他们的法律维权意识和参政议政能力，是广大教职工弘扬法治精神的主要阵地。

（二）创新高校内部考核评价制度

高校可以尝试从创新内部考核评价制度的层面来加强对法治精神的学习。

1. 完善教师考核评价制度的重要性

习近平总书记在论述树立正确的人才政绩观时，强调要建立完善的人才激励奖惩机制。一是建立国家激励体系，研究建立适合各类人才特点的激励奖惩机制，并在制度中，把为经济社会发展做出杰出贡献的优秀教师纳入奖励范围。二是研究建立综合体现工作职责、能力、业绩、功勋等因素，职务与职级相结合的专业技术人员工资制度，适当拉开不同职务和职级之间的收入差距，对担任同一职务、职级时间较长、工作出色、业绩突出的人员，提高职级方面的待遇，发挥职级的激励作用。三是制定相关政策，鼓励、支持教学、科研、管理、服务一线的人员热爱本职岗位，对为创造突出绩效付出不懈的努力，以及长期在教学、科研一线扎实工作、无私奉献、表现出色、绩效突出的教师和科研人员予以鼓励。有奖就有罚，奖罚要严明，对于在绩效和德才方面出现问题的人员，该批评教育的要批评教育，该问责的要问责，该处理的要处理，该辞退的要辞退，绝不能姑息迁就。要完善机制、健全制度，对那些平庸无为的人员要及时进行调整，对那些不负责任造成重大决策失误或重大事故的人员要严肃追责，对那些缺乏师德、作风不好、考核不合格、不称职的人员要及时给予查处。

　　高校的发展目标是要成为国家或地区创新体系的发动机，所以要构建卓越的创新培养体系、卓越的科学技术创新体系、卓越的文化传承创新体系和卓越的社会服务支撑体系。而这些体系的建设、创新与发展必须依靠教师。依靠教师促进学校发展最根本的是靠机制与制度。建立严明的考核奖惩机制，对于引导教职工奋发进取、爱岗敬业十分重要。对于优秀教师，就是要大张旗鼓地给予表扬和奖励；对于存在严重问题的教师，就是要进行严肃问责、严肃处理。通过健全激励机制，使奋发进取、乐于奉献、求真务实的教师得到褒奖，投机取巧、弄虚作假、好大喜功的教师受到惩戒。推进机制或制度激励最关键的目的是希望学校的发展逐渐从外部资源的驱动变成一种内生动力的驱动。完善教师的考评机制就是要激励教师从以往的学校要发展变成每个人主动去追求自己的发展。

　　2. 参考国外教师考核方式

　　（1）德国高校教师绩效考核经验

　　在德国，高校教师的绩效考核以聘任考评为主，仅少部分采用年度绩效评价。德国高校教师的绩效评价主要分为两个层次：一为总结性目的，主要通过评价了解教师是否达到岗位要求，考核结果应用于工资和福利待遇的发放，同时影响教师考核后的薪酬标准；二为形成性目的，主要通过考核发现教师自身发展存在的不足，并通过绩效反馈和绩效沟通，为教师制订整改和培训计划，促进教师弥补不足、改进各项工作。

　　德国高校普遍非常重视教师的绩效考核，各高校均成立了专门的考核评价机构，通过绩效考核帮助教师提升专业能力。德国高校还十分注意将绩效考核结果与内外部培训有效结合，即根据考核结果制订有针对性的帮扶计划，鼓励教师弥补不足，不断追求进步。

　　德国高校教师的绩效考评指标体系参照国际通用评价指标体系，各高校在此基础上根据不同学科领域的特点制定更加详细、适切的指标体系。评价指标内容主要包括科研、教学和自我管理三方面。其一，教师参与研究项目的数量、发表论文著作的数量和质量，以及学术主讲的次数和国际声誉构成教师科研考核的主要方面，一些高校还会从科研成果的角度来考察教师的创新能力。其二，学生提供的教学质量评价报告、其他专家对教师教学评价的结果、教师获得的教学质量奖、教师对教学的贡献、教师教学能力的自我培养构成教学考核的主要方面。其三，除了教学和科研成果以外，教师岗位的特殊性使其还应具备一定的自我管理能力，它通常由以下要素组成：教师对其岗位职责的完成度、教师对学校管理活动的贡献，教师所参与的研究领域或其他机构的管理活动。

（2）日本高校教师绩效考核经验

日本是非常重视教育的国家。长期以来，日本高校教师的评价也是形成性评价与总结性评价相结合的，与之配套的聘任制模式分为短期合同制与长久终身制。21世纪以来，由于日本经济持续低迷，日本政府引入市场竞争机制，这些对教育领域产生了深刻影响，教师人事管理也从稳定型向流动竞争型过渡。日本中央教育审议会对教师评估改革做了集中审议，明确了"新教师评价体系"的实施方案。2012年，日本中央教育审议会出台了《教师评价体系的执行情况》，强调各类学校均应采取能力评价、业绩评价或两者相结合的模式对教师进行考核。这种评价体系被称为"新教师评价体系"，主要考核教师的能力、素养、态度及成果，具体的指标由各高校自行制定。考核内容讲求细化和量化，教师本人可以根据学校考核内容制定个人发展目标，考核主体根据考核指标和个人目标对教师进行考核，使其具有较强的针对性，教师对自身的发展方向也较为清晰。

教师考核具体流程为：教师本人首先制定自我发展目标，并根据高校行政管理部门制定的考核制度，不断审视自身目标达成情况及在其中的能力提升、成果积累情况。作为考核主体的校长、部门责任人根据教师的自评情况和平时的工作情况给予考评。

在考核结果的应用上，日本高校特别注重教育研修，考核结果直接与研修计划对接，并成立了教师研修中心和教师培养课程计划委员会。值得肯定的是，教师研修中心在教师培训培养、研修等环节发挥了积极作用，教师培养课程计划委员会也大大提升了课程质量。

3. 将师德考核列入考核内容

师德考核作为年度考核的重要内容，是教师评价与奖励、继续培训、职称评定与聘任等工作的重要依据。在教师评优评先、业务培训、职称评定与聘任、岗位聘任等环节严格落实师德师风一票否决制。师德师风优秀个人在专业带头人选拔、职务（职称）晋升、岗位聘任、各类高层次人才评选和表彰奖励时优先考虑。

同时，学校推行师德考核负面清单制度，规范教师职业行为，明确师德师风底线，以明确必须坚决予以禁止的行为。值得注意的是，师德师风考核有其难点，即很难具体确定明确的考核标准，因此必须坚持在教育教学过程中追踪负面清单及师德师风档案记录情况，建立师德师风长效监督体系，只有家长、社会、学校、学生多元主体参与，学校党委、工会、学术委员会等切实发挥监督作用，师德师风考核才能真正意义上落实。

（三）提高高校法治教育队伍的素质

提高高校法治教育队伍的素质是加强法治精神学习的基本保障。

1. 优化学校法治教育队伍构成

目前，各个高校法治教育队伍主要由思想政治理论课教师和辅导员组成，其肩负着用新时代中国特色社会主义法治理论最新成果武装师生员工，帮助他们树立正确的法治观念，培养他们的法治意识和法治精神的重大责任。由于思想政治理论课教师和辅导员大多非法律专业毕业，很难从专业角度进行法治教育。因此，充分调动真正从事法治教育的社会人士和校外组织的力量，充实高等学校法治教育队伍，成为推动大学生法治教育建设刻不容缓的事情。在校内法治教育队伍构成方面，在充分发挥辅导员和思想政治理论课教师作用的同时，应把专业课教师、行政人员等都纳入法治教育工作队伍，形成法治教育人人有责的氛围。在校外法治教育队伍构成方面，应该聘用法官、检察官和律师等专门从事法律职业的工作者，使他们成为学校法治教育的校外骨干力量。校内外法治教育队伍的有机结合，有利于加强法治教育的理论与实践的联系，有利于提高法治教育的效果。

2. 加强法治教育队伍的培养

思想政治理论课教师和辅导员作为学校法治教育的主力军，其法治教育的专业化程度直接影响教育的成效。为了提高校园法治教育的专业化水平，就必须不断加强法治教育队伍的培养。一方面要提高依法治校意识。所谓依法治校，就是学校各种事务都按照宪法和有关法律的规定开展。依法治校意识的提高，有利于良好法治氛围的形成，而良好法治氛围的形成，又会促使法治教育队伍不断提升自身专业化水平，以适应和满足广大师生对法治教育的需求。另一方面要提高全体教职工的法律素养。教职工担负着大学生法治教育的重任，由于教职工法治专业化程度各异，因此在对大学生进行法治教育方面，效果也存在很大差异。对此，学校要加大对全体教职工的法治教育，提升教职工的法治教育水平，营造全体教职工知法、懂法和守法的良好氛围，确保每一名教职工都能成为学校法治教育的示范者、宣传者和推动者。

此外，高校在推进依法治校法治学习阵地建设方面还可以从以下方面去探索：其一，高校要根据实际情况，依法设定相应法治管理部门。通过组建专业性的法治管理部门，推进高校依法治校工作的开展。其二，高校要设置相关的法治管理职位，在教师方面以及学生方面均设置相关管理职位，来负责协调全校法治工作的开展。其三，完善依法治校的反馈机制，通过反馈机制来对依法治校工作中所存在的问题进行及时的了解，为今后依法治校工作的开展铺平道路。

3. 领导干部发挥带头作用

法治精神是法治的灵魂，领导干部要推进高校管理法治化，法治精神不可或缺。领导干部要以法治精神和法治理念为先导，深刻把握法治精神的价值内涵，形成正确的权力观、政绩观和权利意识，自觉培育法治精神。

法治精神的获取首先得益于法治信仰的形成。"法律的权威源自人民的内心拥护和真诚信仰。人民权益要靠法律保障，法律权威要靠人民维护。"信仰法律是运用法律的前提，只有从内心对法律的作用有深刻的认识，才会运用法治思维去思考问题，才能理解法治精神的内涵。领导干部更应该从内心树立法律信仰，让法治的精神内化于心、外化于行。领导干部要主动提高自身的法治素养，不断学习，努力实践，在实际工作当中培育法治精神。

法治精神的培育要从反对人治开始。法治的反面是人治，在法治社会里，法治的重要作用就是限制权力的膨胀和滥用。领导干部作为权力的使用者，容易受到权力作用的迷惑，从而滥用权力，推行人治。一些领导干部之所以违法乱纪就是因为滥用权力，推行人治，这些领导干部并不是不了解法律，相反他们对法律的了解程度要高于普通群众，他们之所以滥权、擅权，根本原因是他们并没有对法律的信仰，在实际工作当中故意混淆人治和法治的界限。把人治当作法治去施行，会导致出现较多的有法不依、违法不究、知法犯法等现象。

第三节　高校日常管理

一、高等学校领导决策概述

（一）决策权配置的原则

1. 决策权与决策能力匹配的原则

一项具体决策的制定者应是相应决策能力的拥有者，否则将导致决策的失误和组织损失。需要指出的是，由于组织中越是高层的管理者，其相关的组织内外信息也就更加完备，决策经验就更加丰富，其决策能力也就相对更高，因而，拥有更大的决策权是有其合理性的。但必须清楚的是，决策能力的高低才是隐藏其后的真正原因，职位高低仅仅是一种表象。明确这一点要求后，我们为管理者配置决策权时要依据其能力，而不能片面地依据职位高低而定。

2. 重要决策权优先配置原则

假如一个组织拥有一位决策能力非凡的决策者，对于组织的任何一项决策都是胜任的，但时间和精力约束使他不能处理全部事务，那么，如何对他配置决策权呢？事实上，决策能力的差异性，同时也使决策能力成为一种稀缺资源，由此，就产生决策权配置的优先次序问题。决策能力的稀缺性要求重要决策权优先配置。根据这一原则，组织应将高决策能力者的精力主要集中在关系组织生死存亡的重大问题和全局性事件上。在决策能力稀缺的情况下，高决策能力者的事必躬亲将是对决策能力资源的极大浪费。

3. 个人决策与集体决策有机结合的原则

在"谁来制定决策"的问题当中，不仅包含着由谁制定决策的问题，实际上，也包含着是由个人还是集体制定决策的问题。在有限理性条件下，一般而论，集体决策的质量要高于个人决策，但于组织中最优秀的个体而言，其又常常是处于劣势的。对一个具体决策而言，在存在优秀个体的情况下，决策权应授予该个体，但决策能力稀缺性的存在通常使组织未必能如此幸运地拥有这样的个体，在这种情况下，集体决策作用的发挥有利于弥补决策者个人决策能力的不足，使得个人决策与集体决策在有效结合的合力效能上与相应的决策权匹配，从而保证决策的正确性，避免决策失误。我们强调民主决策、科学决策、依法决策正是个人决策与集体决策有机结合原则的具体要求。

（二）坚持党委领导下的校长负责制

党的十八大以来，习近平总书记发表了关于教育的重要论述，突出了党在新时期对教育事业全面领导的重要性。教育在我国社会主义现代化建设中起着基础性、全面性、先导性的作用。为保证"两个一百年"奋斗目标的实现，必须加强党对教育事业的全面领导。高校领导体制在习近平新时代中国特色社会主义思想的指导下深入改革。2017年，中共中央办公厅、国务院办公厅颁布了《关于深化教育体制机制改革的意见》，指出要全面加强党对教育工作的领导，坚持党管办学方向、党管改革，充分发挥党委总揽全局、协调各方的领导核心作用，健全党委统一领导、党政齐抓共管、部门各负其责的教育领导体制。2019年《中国教育现代化2035》强调加强党对教育工作的全面领导，建立健全党委统一领导、党政齐抓共管、部门各负其责的教育领导体制。加强党的领导要始终坚持党管办学方向、党管改革发展、党管干部、党管人才，把党的教育方针全面贯彻到学校教育的各方面。

20 世纪 80 年代，"校长负责制"的推行强化了校长作为教育专家对学校各项事务的领导作用，促进了学校教育教学、教育科研、教师队伍建设的发展。党的十八大以来，加强党对高校的全面领导有利于发挥社会主义学校教育的制度优势，将社会主义制度优势转化为新时代教育高质量发展建设的成效。这是党对高等教育领导体制改革的摸索结果，是符合当前中国高等教育现状的最好选择，是我国高等学校自治权实施的最佳机制。

坚持党委领导下的校长负责制需要做到以下几点。

1. 确保集体领导，分工负责

《中国共产党普通高等学校基层组织工作条例》对党委领导下的校长负责制进行了明确规定，这也是改革开放以来首次从国家层面做出的相关政策规定。文件指出党委和校长的分工是明确的，但是必须相互配合、相互支持。尤其在建设高水平高校期间，党政工作的出发点与落脚点高度一致，党政职能分开，但不能搞党政分离，不能出现"党只管党""政只管政"的"两张皮"现象，必须紧紧围绕"集体领导、民主集中、个别酝酿、会议决定"的基本原则，坚持执行党委会、院长办公会等运行机制。

2. 厘清党政职责，捋顺党政关系

原则上党委会负责顶层设计，校长办公会负责落实执行，但具体过程中经常出现"两会一开、以党代政"的现象。因此，必须对党政领导进行分工，明确各自的职责权限。党委领导是在校长负责基础上的党委领导，杜绝事事插手；校长负责则是在党委领导基础上的校长负责，切忌揽权独断。应坚持党管决策、党管干部、党管党建。要加大党对高水平高等学校建设这一重大发展规划的指导力度，全体党委会成员应对这一决策负全责；党委干部的选拔任用、监督考核等一系列工作应对党委负责，行政负责人应参照党的统战教育方针执行党委的工作任务；加强党的建设，完善二级学院及基层各级体系化党建工作，切实把党的政治建设放在首位，强化基层党组织政治功能，全面激发党建工作正能量。

3. 提高领导决策机制的有效性

党委领导不是书记个人的"一言堂"，校长负责也不意味着校长"说了算"。在建设高水平高校的关键时刻，应谨遵相关政策文件要求，结合各校实际，完善党委会、院长办公会、党政联席会以及民主生活会等各项会议制度，针对各项会

议的职能标准、参会人员、议事流程、执行督查等各方面进行明文规定，做到有章可循、有条可依，为高水平高校建设提供制度前提。

（三）推进高校领导决策的法治化

决策权的行使必须符合法治的要求，用规则约束决策权是法治的题中之义，欠缺规则约束的决策权必将滥用。目前，对高校内部决策权的约束主要来自党和政府的责任追究机制，责任追究机制对决策权会起到一定制约作用，但同时也可能产生形式主义以逃避责任，导致党委书记"单打独斗"。只有做到民主决策、按照程序决策、依法监督决策，才能从根本上提升高校内部决策质量。

1. 制定决策程序法

我国高校内部决策需要法律程序的约束和监督。高校内部决策是行使公权力的行为，应该受法律约束。全国人民代表大会行使立法权需要按照《中华人民共和国立法法》《中华人民共和国选举法》《中华人民共和国全国人民代表大会组织法》等法律规定进行，高校内部决策也需要按照正当程序进行。目前，高校内部决策欠缺具有权威的程序的约束，缺乏个人决策与集体决策的权力边界的规定，欠缺依照程序进行决策的意识，也欠缺决策责任追究机制，权力的专断、滥用和腐败存在滋生的环境。在这样的制度环境下，来自党和政府的责任追究机制不足以应对决策过程中存在的所有问题，应该制定决策规则，用规则规范决策，用正当程序约束权力，运用法治的手段，对违反程序的决策行为宣布无效，对违反程序的人追究法律责任。决策程序规则承担着约束权力的责任，更承担着保障高校内部决策科学化、民主化的责任。

国家教育行政主管部门应该承担起高校内部决策程序立法的责任。《国家中长期教育改革和发展规划纲要（2010—2020年）》和《国家教育事业发展"十三五"规划》提出要推动学校健全各种办事程序、内部机构组织规则和议事规则。高校制定集体决策程序需要具备三个条件：一是自主管理能力；二是权力享有者的自觉；三是充分的立法资源。首先，我国高校还不具备自主管理的能力。我们在扩大高校办学自主权方面做了许多工作，但高等学校"自主办学、自我约束"的机制尚未真正建立起来。自主管理能力的缺乏成为高校制定决策规则的约束要素。其次，一些高校管理者缺乏行使权力的自觉性。高校内部经常出现规则越来越多而权力却越来越集中的现象，教育部强制推行高校制定的大学章程也出现了千校一面的现象，这些现象说明权力自我约束的效果是有限的。最后，很多高校没有法学院，也缺乏研究公共管理的人才，缺乏充足的立法资源，不具备制定理想的决策程序的能力。因此，高校自主制定集体决策程序的条件并不成熟。比较适当的做法是由教育部制定高校集体决策程序。可以制定统一的决策程序，也可以分类制定，将最先进的集体决策理念融入决策程序，对学校层面和学院层面的集体决策进行规范，通过完备的决策程序实现高校内部决策的科学化、民主化。

制定详细的决策规则是在为高校内部决策的法治监督创造条件。习近平总书记在党的十九大报告中指出，要推进政事分开，政事分开以后政府需要对高校依法监管，依法监管的前提是具备可操作性的法律，高校内部决策程序法是政府对高校集体决策依法进行监管的法律依据。

2. 依法监管

高校承载了太多人的利益和期待，在政府直接管理的情况下，地方利益和官员个人利益有可能通过管理施加给高校，从而使高校的运行脱离国家期待的轨道。高校摆脱政府的直接管理走向依法自主管理，政府对高校实行依法监管，成为政府对高校管理方式进行改革的应然选择。对高校内部集体决策依法监管具有可行性。高校与学生之间的特别权力关系虽然在一定范围内阻碍了法律对高校学生处分处理权的规制，但高校的集体决策权不只是学生的处分处理权，高校内部的集体决策关系财政资金使用的正当性和国家教育目标的实现，依法监管是法治国家背景下高等教育管理的必然趋势。探索有中国特色的高等教育管理制度，并不一定完全受大陆法系国家特别权力关系理论的约束，美国联邦宪法法院一直依据正当法律程序原则实行对高校内部权力的监管，对高校内部集体决策实施依法监管。

民办教育的发展要求政府对民办高校实施依法监管。民办学校由社会力量出资举办，政府对民办学校的监管不能采取类似于公办高校的内部管理的方式，只能依法监管，对民办学校进行依法监管迫使政府对公办高校实施依法监管，否则会存在内外有别的嫌疑。政府对高校实施依法监管为高校内部决策的科学化、民主化和法治化提供了强制力量。由于缺乏外部强制，高校行政权可以通过各种方式阻碍学术委员会民主决策职能的发挥，政府对高校进行依法监管，可以对相关行为进行合法性认定，依法追究相关人员责任，消除行政权力对学术委员会民主决策的阻碍。政府对公办高校的依法监管必然引发高校与政府之间的法律纠纷，并最终诉诸法院，法院对高校内部权力行使的合法性以及政府监管权力行使的正当性进行司法审查，从而将我国高校内部管理纳入法治的轨道。高校内部的集体决策，只有通过执法监督和司法审查，才能最终走向法治化。

二、高等学校领导决策的特点

高校党委决策从属于高校的管理决策，在本质特征上与其他类型决策都属于决策的行为范畴，但从领导决策的科学性、民主性、法治性、协调制约性、服务性方面来看，它又具有比较明显的自身特点。

（一）高校领导决策的科学性

一项决策成功与否，在很大程度上与决策的科学性密切相关，科学性是决策成功的重要前提。所谓高校领导决策的科学性，是指决策应遵循科学原则、科学方法、科学技术和科学程序等相关要素，确保决策从过程到结果都是科学的。科学的决策机制既包括决策前应有充分的调查与论证，论证过程中应有科学的议事规则，决策者应该具备的知识、技能与方法，也包括决策、执行、监督、信息系统和咨询系统的密切配合。决策的科学性是与决策的随意性相对立的一个概念。实践证明，高校推行公示制度、听证制度、咨询制度以及论证制、责任制等，都是决策科学化的重要体现。就决策内容而言，高校党委决策可以简单地分为三个方面。一是学习、贯彻、落实法律法规、党规党纪和上级精神，体现公立高校与国家意志的密切关系。二是涉及党务、行政事务方面的重要事项，这是贯彻落实"党委领导下的校长负责制"的关键内容，也是全面推进依法治校的重要事项。三是研究决定党务工作的重要事务。为了提高决策的科学化程度，高校党委根据议事规则和程序，对不同的决策内容一般安排不同的系统、不同的机构和不同的人员来具体运作。在广泛听取意见、建议、方案的基础上，最终由党委集体研究做出决策，并形成党委决议纪要。

（二）高校领导决策的民主性

民主是与科学相联系的一个概念，民主性在某种程度上是科学性的表现之一。决策的民主性要义在于决策应汇集各种渠道的信息并通过论证、听证、公示、咨询等最终得出科学的结论，从而为决策的科学性打下坚实的基础。因此，在具体操作过程中，高校领导必须了解校情、倾听民声、集中民智、珍惜民力。对于涉及学校改革发展全局的重大事项，要广泛征求教师、干部、学生的建议和意见，充分发挥全校师生的才智，做出更符合学校改革发展的决策。对学术性、专业性、技术性较强的重大事项，要认真进行专家教授论证、技术咨询、决策评估。对与师生员工利益密切相关的重大事项，要实行公示、听证、征求意见等制度，提高全体师生员工的参与度和知情度，积极发挥学术委员会的作用，广泛联系专家教授，建立多种形式的决策咨询机制和信息支持系统。这样就能确保决策主体的多元化，使其有参与决策的机会与途径，确保决策者在决策过程中能够自由充分地表达自己的意见，平等地参与决策，确保决策方式遵循民主集中制原则。高校是知识分子聚集地，人才济济，在全面推进依法治校的实践中，学校党委通过多种渠道、多种方法来鼓励广大师生员工和专家教授有序参与学校改革发展的决策活动，这不仅是高校内部领导体制改革的必然要求，也是充分调动教职员工积极性、创造性的举措，为确保决策的民主性奠定了坚实的基础。

（三）高校领导决策的法治性

法律的生命力在于实施，法律的权威也在于实施。这就要求高校领导必须坚持在党的领导下，在法治的轨道上全面推进依法治校工作进程，创新执法执规机制，完善执法执规程序，落实执法执规责任，建立权责统一、权威高效的依法依规治理机制，加快建设职能科学、权责法定、执法严明、公开公正、廉洁高效、守法诚信的法治大学。

高校党委是全校的领导核心，党委成员的法治理念、法治思维和法治行为是全面推进依法治校的关键。党委决策的科学性就是要"把权力关进制度的笼子里"，使决策权力制度化、法定化、程序化，从而使权力从产生、运行、监督一直到责任承担都遵循法治原则，不偏离法治轨道。党委决策权必须依法依规而产生，高校党委决策首先要求权力来源的合法性，这是全面推进依法治校的前提。权力的正当性取决于权力来源的合法性。高校党委的决策权产生于法律法规和党规党纪的规定，其中大多数决策权力产生于种类不一、规范明晰的教育行政法规。高校领导决策权的法定化，是全面推进依法治校的前提，它保证了党委决策权力本身的正当性和合法性。因此，高校党委首先必须认真学习理解各种教育行政法律法规，明确自己的职责权限，坚持法定职责必须为、法无授权不可为的决策原则。其次，高校党委决策权限要依法依规而设定。因为高校党委的决策权力应当是有限的权力，它必然要受高校行政权力、学术权力、民主权力、监督权力的制约，形成既相互协调又相互制约的格局。正当合法的决策权、执行权、监督权应当有明确的范围与清晰的边界，这也是决策法治性的基本要求。决策权力的有限和权力分工的明晰，在一定程度上起到了阻止权力腐败和寻租的作用，高校党委成员必须认清自己权力的范围和边界，正确定位，依法依规履行职责，自觉杜绝越权越位和以权谋私。

（四）高校领导决策的协调制约性

高校党委决策的协调制约性是指在决策过程中各决策主体权力之间相互协

调、相互配合、相互制约、相互监督。相互协调、相互配合是为了使决策权力行使更便利，减少决策过程中的摩擦和阻力，大家心往一处想，劲儿往一处使，坚持原则、顾全大局、以诚相议、开诚布公，充分发表自己的意见和主张，更好地体现民主集中制原则。相互制约是为了使决策权力行使不超越界限，旨在规范决策、科学决策、民主决策。党的报告和决定、决议都反复强调要坚持用制度管权、管事、管人，建立健全决策权、执行权和监督权三种权力既相互制约又相互协调的权力结构和运行机制。这是我们党通过对权力制约协调规律的新认识提出的新的权力机制。如果仅仅强调权力协调，权力就得不到应有的控制而被滥用；如果仅仅强调权力制约而不讲协调，权力之间就会发生冲突。高校内部决策权、执行权、监督权的相互协调制约也应如此。一方面，为了确保高校决策权、执行权、监督权运行的合法性、合理性，权力之间应当相互协调、相互配合、相互支持，以减少阻力和摩擦；另一方面，为了防止权力的腐蚀和滥用，高校内部权力之间应当相互制约、相互监督，只有这样，高校内部党委的决策权力、行政的执行权力、学术的决策审议权力、师生员工的民主监督权力等才能依法依规而设定，分而不独、运而不乱。这是高校党委决策机制创新改革必须遵循的根本原则，也是高校党委决策机制创新完善的一大特点。

（五）高校领导决策的服务性

高校党委决策活动对于学校事务的协调运行具有重要的引领、规范作用。作为全面推进依法治校具体实践方式之一，高校党委决策的任务是选择合适的领导与治理方式，对政治权力、行政权力、学术权力等进行统一有效的配置与管理，以实现全校师生员工的共同意志和权益诉求，促进学校健康持续发展。管理与治理从一定意义上讲就是服务。因此，党委决策应以服务于学校发展和师生员工的共同意志和权益诉求为重点，具有整体性、全面性和公开性的特点。同时，党委的决策既体现在内部管理、治理机制之中，又直接影响内部行政执行机制，间接影响内部学术机制。由于高校党委具有宪法和法律、法规、党规、党纪条例所赋予的地位与权力，因而党委所做出的决策带有一定强制性特点，对于全校的师生员工具有法律效力，并直接作用于公共服务活动。在此需要说明的是，高校党委决策与地方党委决策分属于不同的决策范畴，有各自的法律法规、党规党纪依据。地方党委是地方领导机关，通过国家权力按照相应法律法规对社会方方面面实施领导，带有很强的权力特征和引领作用；而高校属于国家事业单位的公法人，是公益性社会组织，在高校内部行使决策权力的过程中，只能依法依规依纪体现事业单位公法人的公益性的本质特征和服务特征。

三、高校内部运行机制不尽适应的特征

（一）运作路径具有一定的依赖性

从对我国高校治理制度变迁的历史考察来看，中华人民共和国成立之后，高校行政权力的主导地位一直没有被撼动，这是国情需要所产生的结果。"教育必须为无产阶级政治服务"是党和国家的教育方针，高校认真贯彻党和国家的教育方针是天经地义的大事，也是国家和社会经济与社会发展的客观需要。长期的计划经济体制催生了由政府主导的高校行政治理体制，政府作为高校最主要的资金投入者，控制着高等教育的资源配置权也是非常必要的。当政府成为高校的物质资源和政策资源的提供者时，就意味着高校必须按照政府要求切实承担好自己的职责。由此必然导致高校因为对政府资源的依赖而受制于政府，进而产生一些非学术性遗传因素。而市场经济体制下的高等教育就必须践行新发展理念，构建新发展格局，克服依赖性，增强自主性和进取性。

（二）领导人配备具有唯上性

因为我国高校校级领导成员不是由全体教职员工或党员代表大会、教职工代表大会选举产生的，学校在职的中层领导和相关人员参加的校级领导成员民主推荐会也只能为上级组织的任用提供参考。校级领导成员的权力和职位均由主管部门批准。校级领导成员的选拔和任用机制注定了校级领导是作为政府的代表来治理学校的。高校内部行政权力的本质，决定了高校校级领导首先要遵守行政逻辑，下级服从上级，最终要对政府负责。因此，高校校级领导权力作为国家教育行政权力的延伸，自产生之日起就必须与政府保持逻辑一致。面对来自政府的诸多影响，作为高校领导，特别是主要领导，必须代表学校对政府的诸多要求，通过一定的方式予以回应，以获得政府领导机关的支持和关怀。这种"唯上性"的特点在目前阶段也并非完全不妥，问题是不能"异化"，公权力不能私用化。

四、大学章程与校园管理

（一）章程建设对于校园管理的意义

加强章程建设是高校治理合法化的现实需要。现代大学治理需要在法治的框架之内运行，大学章程建设对于实现大学治理的合法化、推进依法治校具有重要

意义，发挥着重要作用。大学章程上承国家法规政策，下启大学内外管理，是依法治校的总纲领。但是，大学章程建设所构建的并不是一套完全靠其自身独立运作的规范体系，必须融入整个大学治理的规范体系中才能更好地发挥作用。大学章程基于其独特地位发挥着承上启下的联结作用，向上承接国家法律法规，向下融贯校规校纪，作为桥梁和纽带，不断完善高校治理的规范体系，为保障高校治理合法化提供坚实支撑。另外，加强章程建设也能为依法治校提供坚实的制度保障。所有组织的发展都必须依靠制度的保障，一个公司要获得长远发展，必须建立起有效的公司治理体系，因此产生了公司章程；一个大学也是这样，要朝着一流大学的目标迈进，必须建立起有效的学校治理体系，而大学章程就是大学治理体系的灵魂。大学章程作为大学治理的纲领，为依法治校的推进提供着稳定而持续的引领和保障。依照章程推进大学治理是依法治校的重要组成部分。章程承载着现代大学制度，是大学治理的主要依据，在依法治校规范体系中占据重要地位。不断完善大学章程，以推进章程建设为依托，提高依法治校的水平，推进高校治理能力与治理体系的现代化成为当前各高校面临的重大任务。大学章程建设是一项涵盖章程制定、实施、监督、评价等多个环节的系统工程，尽管当前大部分高校都已经制定了本校的章程，可以说在章程制定工作上取得了实质性的进展和突破，但章程建设并不是仅靠制定一部章程就能一蹴而就的，章程的制定还只是一个起点。

随着大学治理理念的兴起和发展，加强章程建设对推进大学治理合法化、大学治理体系和治理能力现代化的重要性也在逐渐彰显。推动高校治理水平和治理能力的提升，要求不断加强章程建设，进而把制度优势更好地转化为治理效能。在此背景下，将法治思维、法治方法贯穿于大学治理的全过程，充分彰显大学章程作为大学治理总体规范和直接依据的重要地位，制定遵循高等教育规律、符合教育法律法规要求、充分体现本校特色、满足本校实际需求的大学章程，加强章程的实施，不断完善以大学章程为统领的大学治理制度体系，成为顺应时代发展潮流、推进依法治校的重要抓手和基本遵循，也为大学治理提供着坚实的法治保障。也正是在上述前提的基础之上，有学者断言，随着以大学章程为统领的高校治理制度体系的不断完善，依法治校、按章治理正在日益成为中国高校的重要优势。

（二）大学章程建设的总体概况

随着全面依法治国的推进，对依法治教提出了更高的要求。依法治校是构成依法治教的重要部分，其治理成效直接关系到全面依法治国在教育领域的推进进程。近年来，随着依法治教的深入推进和纵深发展，各高校的依法治校工作也获得了快速发展，在实践探索中形成了许多具有本校特色的依法治校样本和实施方案，积累了有益经验。在国家法律法规的指引和规范下，通过教育行政部门的积极推动和各高校的主动作为，教育部及中央部门所属的 114 所高等学校于 2015 年年底分批完成了章程制定和核准工作。从整体上来看，"一校一章程"的这一局面的初步形成标志着大学章程制度建设已经取得了良好的开局，我国高校建设发展中长期"无章可循"的局面得到了较大改变。这些大学章程的出台对于中国大学治理的法治化有着重要的前提性的意义。大学章程一般会对章程的制定主体、制定程序、举办者、大学权利义务、大学成员权利义务、大学内部横向与纵向治理结构等内容做出具体规定，从利益平衡、行为规范、机制完善、实施保障等方面为依法治校提供总体规范和直接依据。随着章程制定工作的推进，各高校不再仅仅满足于有大学章程，开始重点关注、思考和研究章程制定之后的实际运行，视野拓展到章程的适用和执行以及以章程为核心的高校治理制度体系的构建上。2015 年，国务院印发了《统筹推进世界一流大学和一流学科建设总体方案》，明确指出要建立健全"高校章程落实机制"，形成以章程为统领的健全、规范的高校管理制度体系。至此，有学者断言当前各高校已经进入了"后章程时代"，章程的制定工作将告一段落，大学章程建设的重心已经实现了从章程制定向章程落实的转变。制定章程之后，最为关键的是推动章程的贯彻实施。各高校从多个角度综合推动章程的实施，主要包括以下几个方面：第一，学习宣传章程，在全校范围内形成尊章程、学章程、守章程、用章程的良好氛围。第二，开展制度清理工作，以章程为依据，及时修订和完善学校内部相关管理制度及规范性文件，形成以章程为统领的规章制度体系。第三，进一步优化高校内部组织结构，完善管理、运行及监督机制，依法推进管理体制与运行机制改革。第四，强化服务意识，切实维护教职工和学生的正当合法权益。在具体形式上，通过加强学习宣传、举办知识竞赛、宣讲章程内容、开展维权实训等多种形式和途径推动大学章程生根落地，有的高校在章程实施一段时间后还组织第三方评估专家对章程的实施进行检查评估，及时检验章程实施的成效和存在的不足，全面了解学校章程执行与落实情况，在评估中发现问题，积累有益的实践经验。

（三）大学章程建设中存在的问题

通过对大学章程建设相关的文献资料和实践现状进行梳理和分析不难发现，在学术界，学者们已经对大学章程的价值和功能、地位和作用等进行了详细的论证分析。在实践层面上，国家教育行政部门也一直在积极身体力行地推进大学章程建设，但是透过大学章程建设的现状可以看到，大学章程的实施效果似乎并不如预期那般理想。对此我们不禁反思，缘何章程不能得到有效实施？章程建设中存在的哪些问题影响和制约了章程建设成效的实现？下面将从章程的制定、章程的内容设置两方面展开详细的论述。

1. 大学章程的制定有待继续完善

尽管"后章程时代"章程建设的重心已经转变为章程的落实，但章程的制定仍然是其根基所在，研究章程建设问题首先需要从章程的制定着手。需要指出的是，这里的章程制定不仅是指创制章程，还包括章程的修改、完善、废止等。"后章程时代"，章程的权威性有赖于章程本身的科学性和合理性，而科学性和合理性的实现又有赖于章程制定原则、主体和程序等方面的整体建构。当前，章程制定的原则、主体和程序仍然有待继续完善。

第一，大学章程的制定原则重规划引领轻规范治理。章程的制定和实施对于章程本身和实现章程之治都至关重要。一部实施效果良好的章程必定是包含明确的目标指引和可操作性强的具体规则，在宏观方面引领和规划大学的发展，在微观方面以具体的规则约束利益相关主体的行为，两个方面共同发挥作用方可产生良好的成效。我国的高校在建立之初大多数都没有明确的章程，只不过是随着大学的发展以及为满足国家建立现代大学制度的要求，才开始在教育主管部门自上而下的推动中启动章程的制定工作。在此前提下，部分高校为了完成教育行政部门下达的任务，制定的章程在事实上只是对大学发展的现状及未来发展目标的一种文本化，学校联系自身实际情况对法定内容进行的创设性规定较少。与其说是按照大学实际情况制定章程毋宁说是章程文本内容基本上只是对大学发展现状的文本化，其导致的结果就是大学章程更为注重从宏观层面进行引领规划或偏重于倡导性、政策性宣示，文本内容较为原则、概括、宽泛，每一条都是很原则的，都留有一定空间，章程文本内容整体上偏重于描述而非规范。第二，大学章程制定主体单一。目前我国的相关法律规范中对大学章程的制定主体并无明确规定，实践中一般由管理者组织并且主导章程的制定，将学生及其他利益相关主体作为参与者纳入章程制定过程中。制定主体的单一也反映了部分利益相关主体未能充分参与到章程的制定中。首先是本校学生及相关人员缺位。在大学治理中学生及学校其他相关人员（如后勤人员）是重要的利益相关主体，大学章程的制定主体中缺乏学生代表及其他相关人员代表，难以保障这些群体利益的及时表达。尽管大学章程的制定是一个较为复杂的过程，不可能让每个利益相关主体都能参与进去，但在制定主体中纳入每一个利益群体的代表是必要的，仅由管理者主导章程的制定，而将部分利益群体都划入参与者阵营，显然难以保证其对规章制定工作全流程的了解和知悉，意见表达的完整性也将大打折扣。其次是政府和社会主体缺位。大学章程制定主体的单一同样显示了政府和社会主体的缺位，正如有学者指出，"政府作为公立大学的举办者，其法定权利并没有在大学章程的制定者资格中体现出来"。正如前文所述，在依法治校的外部关系中，大学与政府、社会关系日渐紧密，大学的发展离不开它们的支持。因此，理顺大学与举办者、大学与社会的关系无疑是大学章程的重要使命，在政府和社会主体缺位情况下显然难以实现协调各方以做出妥善规定的目标。最后是专家理性的缺失。大学章程的制定需要经过领域内专家的论证，以保证其科学性和民主性，但是在章程制定过程中专家更多的是作为参与者，而不是作为制定主体成员。第三，大学章程的制定程序有待继续完善。大学章程的制定应该是学校的管理者、举办者、教师与学生多方主体共同参与，完整表达意见，最后达成共识的过程。通过各方共同参与、协商制定出来的章程才能考虑到每个主体的利益与诉求，并得到每个主体的认同与服从，也只有这样的章程才会受到各方主体的积极拥护，得以平稳顺利地实施。然而实践中章程制定一般是由学校管理者一方主要负责，作为举办者主体的政府很少参与高等院校章程的制定，他们认为大学章程制定是高等院校自己的工作任务。同时，作为高校治理利益相关主体的教师与学生也未能充分参与到章程制定工作中来，学校管理者更多地把大学章程制定工作视为自己的工作任务。这就会导致以下问题的产生：一是大学章程对一些内容很难做出具有效力的规定，例如，有关学校举办者和高校权利义务方面的问题，"章程要真正发挥作用需要对举办者也就是政府的权利和义务、行为原则做出对应的规定"，政府部门不参与大学章程的制定，高校管理者一方起草、制定出来的章程也就不能对前面所述的内容做出行之有效的规定，章程的内容自然无法得到政府部门的认同与遵循。二是章程的制定没有充分引入教师与学生的参与，没有充分吸纳他们的意见与建议。在这种情况下制定的章程很难充分体现广大师生的利益和诉求，章程制定完成以后，其内容也很少为师生了解、熟悉。正是由于大学章程制定程序不规范，才导致缺少了合作共治这一关键基础，最终的结果便是章程无法获得教师与学生的广泛认同和遵循，难以发挥出应有作用。

2. 大学章程的内容设置较为粗疏

制定大学章程重规划引领轻规范治理的原则性倾向一定程度上导致了章程内容设置较为粗疏，加之受"宜粗不宜细"章程制定理念的影响，制定出来的章程内容偏向模式化、趋同化、原则化也就不足为奇了，既难以体现出自身特色，也影响到了大学章程的实际效能的发挥。概览大多数高校章程的文本内容，其内容设置粗疏主要体现在章程文本较为原则概括、章程内容雷同、章程重点内容缺失或不够明确、章程程序性条款缺失或不完善等方面。首先，章程文本较为原则概括。单从章程文本篇幅来看，我国各高校章程文本内容普遍比国外大学章程的文本内容简短得多，《清华大学章程》全文仅 5700 余字，规定的内容也相对简略。或许简单比较文本内容的篇幅长短、字数多少并不能说明什么，但至少能够直观地感受到章程文本内容的详略程度。内容过于简短的章程势必难以对涉及大学治理的重要事项做出较为详细、具体的规定。从具体的条款来看，倡导性、宣示性规定较多，内容概括，不够细致，自然容易影响到章程自身的规范性和可操作性，从而难以充分发挥章程规范治理的作用。章程重指导规划轻规范治理的倾向一定程度上会直接影响到章程的实施和最终的治理成效，章程内容较为宽泛也可能会导致一些重要的程序性条款和可操作性规范难以被囊括在内，进而影响到章程文本内容的落实落地。其次，章程内容存在雷同。我国的《高等教育法》与《高等学校章程制定暂行办法》对大学章程要包含哪些内容做出了明确规定，有些高校基本上按照法律法规要求的章程格式对自己学校的章程进行补充，套用法律法规中规定的章程内容和框架，进行了简单的内容填充。其内容基本属于对法律法规要求的初步细化，没有结合本校的发展实际、治理现状做出有特色的规定，也没有显示出学校自身的特征。尤其是有关学校的组织架构以及校党委与校长的权力分配，大学章程规定的内容一般是照搬照抄法律法规的内容，几乎没有结合学校的自身情况做出规定。在这种情况下，章程在内容上与其上位法中规定的内容较为趋同，效力上又低于上位法，其实施效果自然不会太理想。再次，章程应当规定的重点内容缺失或不够明确。大学章程中重点内容的缺失会导致章程的体例结构不完善。例如，章程中需要说明的一个重要内容为高校与举办者的关系，尤其需要明确双方的权利与义务，以指引各方主体的行为，为各方做出行为提供清晰的导向，使得政府部门的干预和监管与高校自治之间的界限能够"有章可循"。此外，部分高校章程中对于一些重要内容，如师生所享有的权利规定得不够明确，仅以"尊重、维护和保障师生员工依法享有的各项基本权利"的概括性规定予以表述，而未列举具体的权利内容。章程应当做出规定的重点内容不够明确、关键内容的缺失或不完善也就意味着有关权利的行使可能失去保障。最后，章程中的程序性条款缺失或不完善。受"重实体、轻程序"这一传统思维定式的影响，大部分高校章程存在实体内容居多，程序性规范缺失或不完善的现象。即使存在相关的程序性规定，但也是与审批、备案等内部操作流程相关的程序性规定占大多数，对教师和学生的参与权、知情权进行保障的程序条款为数不多；信息公开、征求意见、专家论证等程序性条款设置也不尽完善，要么直接缺失，要么泛泛规定。例如，《北京大学章程》中规定学校面向公众合理开放办学资源，依照有关法律规定实行信息公开并且接受社会监督，但对信息公开的形式、内容、时间等并未做出相关规定，并没有相配套的条款规定其实现方式及违反这些程序性规定所承担的不利后果，利益相关主体的知情权和参与权程序保障不足，难以充分保障广大师生意见建议的及时表达及利益诉求的充分反映。

（四）改革学校章程

1.增强校内章程的民主性

我国在高等教育方面的立法较为完备，法律有《高等教育法》，教育部下发的有《高等学校校园秩序管理若干规定》《研究生学籍管理规定》《普通高等学校学生管理规定》《普通高等学校档案管理办法》《普通高等教育学历证书管理暂行规定》《普通高等学校毕业生就业工作暂行规定》《高等学校招生全国统一考试管理处罚暂行规定》等。

校内章程的设立应该引起重视。学生管理的主体就是高校，无论是国家层面的法律还是校内的制度都需要在高校内部管理中应用。实践是检验规章制度效能最重要的标准。校内章程的制定应充分发挥民主性，广泛听取学校师生的建议，在调研的基础上进行立项、审批、论证，使管理者与被管理者都参与到立法的过程中来。同时，也要根据学校的管理状态对现有章程进行合适、谨慎的修改。

2.提高章程内容的科学性

校内章程的内容应具有内在的合理性与科学性。除了应在档案管理、学位授予、学籍管理等方面同上位法相一致外，章程的基本原则也应符合《高等教育法》的立法初衷，具体制度设立也不能违背省内学生管理规定和办法。要厘清高等院校学生管理外部与内部工作的权利义务，构建既契合法律法规要求，又能展现学校特色的学生管理法律法规体系。

教学管理工作与学生的受教育权息息相关，在教育管理规定的设置上必须充分考虑到学生在学习过程中的全部可能性，涵盖到各个方面，制度的设计要以学生的权益为出发点，同时做到便于管理。管理办法首先应具有合法性，这是最为基本的；其次应具有合理性，规定的设立必然是恰当的，使之能被学生广泛认同和服从；最后应有可操作性，这就要求管理办法必须注重程序与细节，设计上做到连贯与衔接，使学生做到自然合规。

　　高校的管理不再是"教师—学生"垂直性管理，在管理中应更注重发挥学生的自我管理功能，激发学生的本位思想。涉及学生利益的部分，包括评奖评优、推免资格、干部推选、党员发展等，必须规定得清晰明确，不能模棱两可，最好是要有硬性要求。对于同等条件下的竞争者，要通过公正的考核或者民主的评选程序，不能以教师个人的偏好来决定。学生的综测成绩是评优、推免、评奖等的重要评价尺度，所以在细节处要明确，把能够增加综测成绩的情况做一个完整的总括，使学生在疑惑时能得到制度上的答复。学生在日常生活中面临问题，需要组织的关怀时，能通过正当的程序获得学校的帮助。这就是一个服务型高校规则设立的基本目标。学校在日常的管理中要注重对学生信息及隐私的保护。为了避免在管理行为中无意识地泄露学生的信息或隐私，侵犯学生的隐私权，要提前在制度上做出规定，使学校及管理人员时刻不忘对学生信息的保护。

第四章　高校法治的民主化管理与监督

本章为高校法治的民主化管理与监督，首先介绍了高校民主化管理的概念、实施措施、管理困境以及对于学生参与管理的探索，然后介绍了高校内部监督机制的运行概述、创新方向以及有效措施。

第一节　高校民主化管理

我国的国体是工人阶级领导的、以工农联盟为基础的人民民主专政，因此在我国一切的组织或机构都应当具有民主性。因此高校作为教学科研的社会组织机构，也应当实施民主化管理。

一、民主管理

民主是指在按照预定的程序和规则，由多数人的意愿达成共识而作出决策的机制。民主管理可以理解为是由"民主"这个政治学概念和"管理"这个管理学概念复合而成的，重心是在"管理"上，主要是指管理者在民主、公平、公开的原则下进行管理，以科学的方式传播其管理思想，协调各个组织和个人的行为，最终达到其管理目的的管理方法。民主管理的特征主要有：①具有广泛的群众基础，自下而上反映广大群众的意愿；②具有一定的约束力和权威性，有制度做保证；③具有独立性，不依附于行政管理机构。

二、高校民主管理

高校民主管理是指高校管理应当吸纳校内、校外各方面意见和建议，重大决策和管理事务要尊重师生的意见，以最大限度地体现广大教职工和学生的意志和利益。教职工代表大会是在高校党委或党支部领导下，广大教职工民主管理学校的一种组织形式。其主要职权是代表全校教职工行使有关研究、决策和管理权利。工会代表大会也是在高校党组织的领导下，维护教师合法权益的组织。

三、高校民主化管理的形式

民主化管理是相对于绝对服从和绝对权威的管理而言的，即管理者在"民主、公平、公开"的原则下，通过一定的程序和方法科学地将管理思想进行传播，对各个组织和各种行为进行协调从而达到其管理目的的一种管理方法。因此，民主化管理既符合人们的心理要求或"以人为本"管理思想，也是管理者所追求的一种管理艺术，即被管理者意识不到自己正在接受管理，而事实上他正在接受管理。民主化管理充分唤醒人的主体意识，弘扬人的主体精神，发挥人的主体作用，具有比较高的积极性。因此，民主化管理又是一种群众参与下的由多数人的意愿达成共识从而形成决定的管理。高等学校的依法治校与民主管理紧密相连，教师、学生参与民主管理和监督是实施依法治校的重要内容。高校按照促进学校改革发展、维护教职工合法权益的原则，依法行使管理权力，组织教职工有序参与民主管理和民主监督，推进党务和校务公开，落实教职工的知情权、参与权、表达权、监督权，引导教职工牢固树立社会主义核心价值理念，模范遵守职业道德规范，培养高素质的教师队伍。

教职工代表大会是高等学校管理体制的重要组成部分，是教职工在学校党委领导下依法行使民主权利、有序参与学校民主管理的基本形式和制度，是实施校务公开工作的基本载体和主渠道，是学校领导与教职工进行民主协商、信息沟通的重要渠道，是促进学校决策科学化、民主化、法制化的重要途径。教职工代表大会和工会是高校师生实施民主化管理的两大渠道。

（一）教职工代表大会的建立及作用

学校教职工代表大会是教职工依法参与学校民主管理和监督的基本形式。为依法保障教职工参与学校民主管理和监督，完善现代学校管理制度，促进学校依法治校，依据《教育法》《教师法》《中华人民共和国工会法》等法律，教育部正式发布《学校教职工代表大会规定》。

1.高校教职工代表大会的职权

高校教职工代表大会的主要职权如下。①听取讨论校长工作报告，对学校的办学指导思想、发展规划、学年工作计划、重大改革方案、校务公开情况、财务工作报告、教职工队伍建设及其他有关学校发展的重大问题提出意见和建议。②讨论通过学校提出的涉及教职工切身利益的改革实施方案和重要规章制度。③审议决定学校提出的教职工的工作时间、休息休假、生活福利、保险待遇、业务培训等直接涉及教职工切身利益的规章制度或重大事项。④根据上级党委的部署，参与民主评议学校领导班子和领导干部并提出评议意见，参与民主推荐学校行政领导的人选，对法律法规、教职工代表大会决议的贯彻落实情况和学校各级领导干部进行民主监督。⑤法律法规规定的教职工代表大会参与学校民主管理的其他权利。高校须建立健全沟通机制，全面听取教职工代表大会提出的意见和建议，并合理吸收采纳；不能吸收采纳的，应当做出说明。

2. 教职工代表大会代表及其义务

凡依法享有政治权利的高校在职教职工均可当选为教职工代表。教职工代表由教职工直接选举产生。代表的构成应具有广泛的代表性，其中教师代表应占代表总数的60%以上。教职工代表实行常任制，可以连选连任。教职工代表的选举由教职工代表大会筹备领导小组或学校工会提出选举方案，报同级党委审定。

教职工代表名额根据教职工人数按一定比例确定，其中一线教职工代表一般不少于代表总数的50%，女教职工和民主党派教职工代表应占适当比例。教职工代表应差额选举产生。

教职工代表大会根据需要可设列席代表和特邀代表。列席代表是指未被选为正式代表的学校各级领导干部；特邀代表是指有影响的专家、学者，民主党派和无党派人士，离退休的原学校领导干部及获得较高荣誉称号的教职工等。列席代表和特邀代表有发言权，但没有表决权、选举权和被选举权，如有需要，可受聘参加教职工代表大会专门工作委员会（组）工作。

教职工代表在依法行使民主管理权利的同时要自觉履行下列义务：①努力学习中国特色社会主义理论、法律法规及党和国家的方针政策，不断提高政治觉悟、业务水平和民主参与的能力；②密切联系群众，自觉维护教职工的合法权益，如实反映教职工的意见和建议；③树立强烈的大局意识，尊重、支持校长和学校行政系统依法行使指挥和管理职权；④按时参加教职工代表大会活动，认真执行教职工代表大会决议、决定，做好教职工代表大会赋予的各项工作；⑤模范遵守国家法律法规和学校各项制度，模范遵守教职工职业道德规范，认真做好本职工作。

高校教职工代表大会建设的一个重要内容是加强对教职工代表的培训，使教职工代表学习、了解国家相关法律法规和政策规定，熟悉掌握教职工代表大会的性质、特点、运行程序要求和代表的具体职权与义务。教职工代表培训的内容应包括党和国家、教育主管部门及地方政府有关法律法规、政策文件，教职工代表大会基本知识，校务公开民主管理理论及参政议政实务等。培训方法主要包括工作研讨、经验交流、专题讲座、专题调研等。

3. 教职工代表大会现状

高校基本都成立了教职工代表大会。关于教职工代表大会在保障教职工参与民主管理和监督中的作用，调查显示，23.64% 的高校教职工代表大会作用非常大，推进了民主治校；32.73% 的高校教职工代表大会作用大，在学校重大决策中起民主监督作用；38.18% 的高校教职工代表大会作用一般；仅有少数高校教职工代表大会作用小或没作用，仅从形式上为学校决策服务，是一个形式化的组织。基于调查，研究者针对不同学校教职工代表大会在保障教职工参与民主管理和监督中的作用差异，应用 SPSS21.0 统计分析软件进行了方差分析，结果如表 4-1 所示。

表 4-1 不同学校教职工代表大会在保障教职工参与民主管理和监督中的作用差异

项目	平方和	df	均方	F	显著性
组间	87.266	15	5.818	2.023	0.034
组内	132.282	46	2.876		
总数	219.548	61	219.548		

分析可知，各高校教职工代表大会在保障教职工参与民主管理和监督中的作用方面存在显著差异（$P<0.05$）。通过多重检验，各高校作用差异情况如表 4-2 所示。分析可知，当前高校教职工代表大会在保障教职工参与民主管理和监督中的作用发挥存在学校之间的差异，如广东省 A 高校发挥作用相对广东省 B 高校要小，相对湖北省的一些高校也较小。

表 4-2 高校教职工代表大会在保障教职工参与民主管理和监督中的作用多重检验

（Ⅰ）任职学校	（J）任职学校	均值差	标准误	显著性	95% 置信区间	
					下限	上限
浙江省 A 高校	湖北省 B 高校	-2.200*	1.073	0.046	-4.36	-0.04
浙江省 B 高校	湖北省 C 高校	2.900*	1.138	0.014	0.61	5.19
广东省 A 高校	浙江省 B 高校	-2.525*	0.967	0.012	-4.47	-0.58
广东省 A 高校	广东省 B 高校	-3.125*	1.341	0.024	-5.82	-0.43
广东省 A 高校	湖北省 B 高校	-3.325*	0.967	0.001	-5.27	-1.38
广东省 A 高校	湖北省 C 高校	-3.125*	1.148	0.009	-5.44	-0.81
广东省 A 高校	湖北省 A 高校	-3.125*	1.341	0.024	-5.82	-0.43
广东省 A 高校	湖北省 F 高校	-2.982*	0.878	0.001	-4.75	-1.22
广东省 B 高校	湖北省 B 高校	3.125*	1.341	0.024	0.43	5.82
* 表示 0.05 信度						

（二）工会的建立及作用

工会作为党领导的群众组织，是党联系教职工的桥梁和纽带，肩负着维护职工合法权益的基本职责。关于工会组织在维护教职工合法权益中的作用，调查显示，1.82% 的高校工会组织作用非常大，有效维护了教职工的合法权益；3.64% 的高校工会组织作用较大，一定程度上维护了教职工的合法权益；高达 40% 的高校工会组织作用一般；27.27% 的高校工会组织作用小或没作用，受限于学校的人事部门，是一个形式化的组织。基于调查，研究者针对高校工会组织在维护教职工合法权益中的作用差异，应用 SPSS21.0 统计分析软件进行了方差分析，结果如表 4-3 所示。

表 4-3　不同学校工会组织在维护教职工合法权益中的作用差异

项目	平方和	df	均方	F	显著性
组间	75.934	15	5.062	1.595	0.113
组内	145.954	46	3.173		
总数	221.887	61	221.887		

分析可知，各高校工会组织在维护教职工合法权益中的作用不存在显著差异（$P>0.05$）。综上所述，高校工会组织在维护教职工合法权益中的作用不大。实地调研显示，工会承担更多的职能是组织教职工的文体活动和教职工的思想政治教育，在维护教职工合法权益方面的作用较小，教师的合法权益大多由人力资源部门来维护。

四、高校民主化管理困境

民主化管理的要点在于沟通顺畅，关键在于尊重权益。当前，高校教职工代表大会和工会组织是师生合法权益维护的重要机构。在民办高校中，虽然都成立了教职工代表大会和工会组织，但其职责的落地生根，需要上上下下的努力与支持，主要表现在教职工代表大会的民主管理监督需要强化、工会组织维护师生合法权益需要固化这两个方面。

（一）教职工代表大会的民主管理监督需要强化

学校教职工代表大会是教职工依法参与学校民主管理和监督的基本形式。教职工代表大会应当高举中国特色社会主义伟大旗帜，以马克思列宁主义、毛泽东思想、邓小平理论、"三个代表"重要思想、科学发展观、习近平新时代中国特色社会主义思想为指导，全面贯彻执行党的基本路线和教育方针，认真参与学校民主管理和监督。教职工代表大会和教职工代表大会代表应当遵守国家法律法规，遵守学校规章制度，正确处理国家、学校、集体和教职工的利益关系。虽然各高校都成立了教职工代表大会，但各高校教职工代表大会在保障教职工参与民主管理和监督中的作用存在差异，部分学校的教职工代表大会基本没发挥任何作用。

（二）工会组织维护师生合法权益需要固化

学校工会为教职工代表大会的工作机构。学校工会承担以下与教职工代表大会相关的工作职责：做好教职工代表大会的筹备工作和会务工作，组织选举教职工代表大会代表，征集和整理提案，提出会议议题、方案和主席团建议人选；教职工代表大会闭会期间，组织传达贯彻教职工代表大会精神，督促检查教职工代表大会决议的落实，组织各代表团（组）及专门委员会（工作小组）的活动，主持召开教职工代表团（组）长、专门委员会（工作小组）负责人联席会议；组织教职工代表大会代表的培训，接受和处理教职工代表大会代表的建议和申诉；就学校民主管理工作向学校党组织汇报，与学校沟通；完成教职工代表大会委托的其他任务。工会组织维护师生合法权益为首要任务，但当前，民办高校工会组织在维护教职工合法权益中的作用不大，教师的合法权益大多由人力资源部门在维护。

五、加强制度建设，完善民主管理机制

（一）注重加强民主管理

高校应坚持密切联系群众，充分发挥教代会及群众组织的作用，健全师生员工参与民主管理和监督的工作机制，重视发挥教代会、学代会、民主党派、理事会等组织机构在民主办学、民主管理方面的重要作用。

（二）健全教职工代表大会制度

校院两级定期召开"双代会"，听取行政主要负责人工作报告和有关职能部门情况通报，征求意见建议，讨论通过学校重大改革方案和涉及教职工切身利益的重要政策和制度，切实保障教职工对学校重大决策的知情权和参与权。认真抓好教代会代表提案工作，层层分解，明确责任，定期开展提案工作的研究和交流，督促提案的回复和落实。学校党委将教代会建设列入学校年度工作要点，作为年度考核内容，使教代会成为学校教职工行使民主权利、参与学校民主管理和监督

的基本形式和重要途径。校党委坚持加强对校工会的领导和支持，为校工会创造充分履行职能的条件。实施行政与校工会联席会议制度，学校的改革方案、发展规划、人事制度改革方案、教职工聘任等重大事项和涉及教职工切身利益的改革方案均通过教代会审议。教代会成立了六个专门委员会，并颁布了《教职工代表大会各专门委员会工作条例》，以制度形式要求各专门委员会履职尽责，确保教代会四项职能得到充分落实；制定了《二级教职工代表大会实施条例》，各学院二级教代会制度逐步健全完善，学校的民主管理由校级向学院延伸，全校民主氛围越来越浓。

六、学生参与高校民主管理

（一）必要性和重要性

2005年教育部修订的《普通高等学校学生管理规定》明确指出："学校应建立和完善学生参与民主管理的组织形式，支持和保障学生依法参与学校民主管理。"随着民主观念的普遍影响和学生主体意识的日益增强，学生权利的地位与作用越来越受到关注。一方面，学生参与高校管理是学生权利得以保障的重要途径；另一方面，学生参与高校管理是依法治校、民主管理不可或缺的重要内容。从世界高等教育视角来看，各国大学都已意识到学生参与高校管理的重要性。正如联合国教科文组织在世界高等教育会议上所说，国家和高等院校的决策者要重视学生的需要，把学生视为高等教育改革的参与者之一，使其参与政策制定和院校的管理工作。从法学角度的"多数人裁决"的原则来说，大学生是高校中最大的群体，这个群体应该享有对学校和自身事务的管理权。

教育是基于"人—人"关系的活动过程。人的活动性和能动性决定学生完全不同于生产活动中的产品，而是鲜活的能动体，不仅是受教育者和管理者，而且还是教育者和管理者。尽管学生在教育活动中处于被动地位，但学生群体始终保持着主观能动状态，成为教育活动的积极参与者。

学生参与高校管理是指学生以管理主体的身份介入高校的内部自我管理并影响学校最终决策。从管理主体来看，学生要成为高校内部管理者之一，应和行政管理人员、教师等管理主体具有平等的主体身份；从管理过程来看，学生参与高校管理应强调管理的全过程，而不是偶尔的、形式上的；从管理内容来看，学生应主要参与和其利益相关的事务，如对学校的教学、课程设置、学生生活保障等事务发表意见和建议；从管理的结果来看，参与管理的学生组织或个人，应通过合法的管理手段对学校内部管理要素施加影响，并影响学校的最终决策。

随着我国经济体制的转型，大学生公民意识、权利意识不断增强。从市场机制角度看，学生一定程度上已成为大学教育服务的"购买者"和"消费者"，让学生参与高校管理可以有效地提高高校对"消费者"的服务质量。大学生不同于一般市场中的购买者和消费者，他们也是大学"生产"的"产品"，并且一直主动参与"生产"的全过程。大学"生产"的这种特殊性要求大学必须提供相应的管理空间，让学生广泛参与高校管理，以维护其合法权益，从而提高大学"产品"，即培养的高素质人才的质量。

在高等教育大众化阶段，高校学生在年龄结构、家庭影响以及个人发展目标方面呈现多元化趋势，导致学生利益群体的多元化，因而学生利益需求也相应地呈现出多元化特征。高校在办学过程中必然要关注和研判学生多元化的需求和发展目标，这就要吸取不同利益群体的代表参与学校的管理，使学校的教育教学、学生管理、后勤保障等各项工作能在最大程度上考虑到不同利益群体的不同需求，从管理机制上更好地服务于全体学生。

（二）完善制度和机制

从高校层面来说，要在校内制度的制定实施中充分考虑学生的利益和需求。其中与学生发展和利益密切相关的各种管理组织（如校务委员会、学位委员会、教学委员会、后勤管委会等）要有学生代表参加，这是从制度设计上保证学生拥有参与高校民主管理的权利。如高校校务委员会在审议决策学科专业、教学评价、学生处分、校园学习生活条件改善等有关事务时，应有学生代表参加或列席，充分听取学生代表的意见，从而提高决策的合理性和科学性。

鼓励和引导学生参与高校民主管理，应充分利用学生会、学代会、学生社团联合会等学生组织，培养学生的自我管理能力，使学生真正做到自我教育、自我管理、自我服务。校、院（系）学生会不仅仅是学生活动的组织者，还应积极地参与学校管理事务，在与学生关系密切的事务中，学生会应有更多的发言权。可以借鉴高校教职工代表大会的提案模式，在召开学代会时，组织动员学生代表征集提案，以提案的形式参与民主管理、反映意见和建议；高校领导及管理部门应充分重视并及时答复学生提案，这样可使学生参与民主管理的渠道更为通畅，也有利于不断提高学生参与高校民主管理的水平和能力。

鼓励和引导学生参与高校民主管理，要本着以下原则：①要坚持高校党委统一领导；②要坚持学生自愿参与；③要保护学生的合法权益，包括知情权、决策权、参与权、评议权、监督权、选择权、申诉权等；④要将引导学生参与民主管理融入学生的培养中，在参与民主管理的过程中提高学生的综合素质；⑤在参与高校民主管理的过程中，要保证学生与教职员工的平等地位，包括权利平等、待遇平等、机会平等等。

（三）创新方法和形式

学生在参与高校民主管理的过程中，方式和渠道是否便捷、通畅、有效非常重要，这直接影响到学生参与民主管理的积极性。在网络时代，应充分借助网络平台创新学生参与高校民主管理的方法和形式。

使大学生借助网络平台参与高校民主管理（使大学生通过网络渠道来强化自身在高校治理中的话语表达与实现利益诉求，从而有力推进大学的民主管理）关键是要建设好三个平台。一是意见接收平台。即学校管理层有专人负责收集学生的网上诉求和意见。如及时收到学生对教学改革、教学评价、教学资源、专业增减、就业创业、招生考试、各类收费、学生奖惩、后勤保障服务等相关工作的意见和建议。对于学生反映的意见和诉求，管理者要认真对待，分类分析，及时传送至学校领导及相关管理部门。二是意见答复平台。学校可在网站醒目位置设置学生意见答复栏目，对学生的意见和诉求在深入调研、认真研究的基础上积极答复。三是问题解决反馈和监督落实平台。对于学生的意见和诉求，若短期内得到了解决和落实，要及时反馈详细落实情况并加强监督；对于无法及时解决的，有关部门要回复说明具体原因及解决时限，必要时部门负责人与反映意见的学生面对面沟通交流，增进学生和管理部门的相互了解。学生提出的意见和建议的解决与落实情况应在学校网络平台公开，使学校及相关部门的工作接受全体学生的监督，促进学校管理水平和服务质量的提高，促进和谐校园建设。

第二节　高校内部监督

一、高等学校内部监督机制运行概述

（一）高等学校内部监督的主要成效

党的十八大以来，以习近平同志为核心的党中央以刀刃向内的勇气向党内顽瘴痼疾开刀，以雷霆万钧之势推进全面从严治党，以钉钉子精神把管党治党要求落实落细，清除了党内存在的严重隐患，化解了党面临的严重政治风险，正本清源、拨正船头，保证全党沿着正确航向前进，对党、对国家、对民族都产生了深远影响。就高等学校内部监督机制而言，一是切实加强对权力制约和监督的重要性的认识。办人民满意的高等教育，需要风清气正、公平公正、秩序井然的校园法治环境和氛围，需要健全结构配置科学、程序严密、制约有效的权力运行机制，从决策、执行和管理等各个环节切实加强对权力的监督，从而确保优良党风、校风、学风在学校发扬光大。二是切实健全高校内部监督体系和运行机制，依法依规依纪强化自身监督、组织监督、民主监督、纪律监督、巡查监督等监督格局和机制，针对师生员工普遍关注的、反映强烈的、带有共性的问题实施监督，切实加强对校、院、系、处室党政班子的制约、监督，使制约监督细化、具体化、责任化。三是切实发挥制约监督作用，体现制约监督机制成效。党内监督、组织监督、民主监督、社会监督、法律监督、纪律监督、网络舆论监督等形式，只有在充分发挥各自作用的基础上，密切配合，大力协作，相互支撑和帮助，才会形成制约监督合力，有效加强对权力运行的制约和监督，保障各种权力在制度的笼子里运行。图 4-1 为高等学校内部治理体制与权力关系。

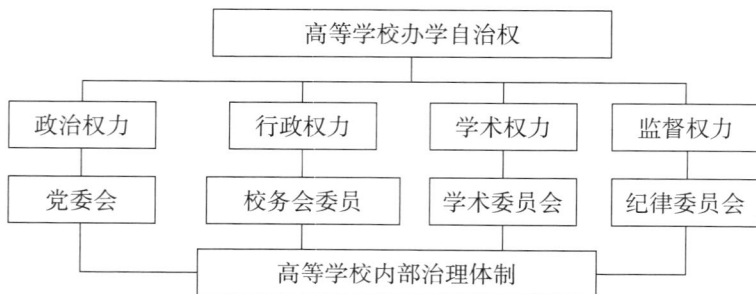

图 4-1　高等学校内部治理体制与权力关系

（二）新时代的要求和挑战

在深化改革和发展的进程中，高等学校的自治范围和权力行使也越来越具有自主性和特殊性。然而，内部监督仍然是高等学校治理工作的一个短板，推行校务公开，加强对党政领导干部权力的监督又是内部监督的重点和难点。因此，在全面推进依法治校的今天，切实加强对高校的内部监督，既是为高校的可持续发展创造良好环境，也是高校治理工作的重点。

1. 新时代的新要求

随着我国社会主义市场经济体制的逐步完善，高校必须按照教育规律和法治要求自主治理学校，真正建立面向社会依法自主办学的体制和运行机制。高等教育已进入大众化教育阶段，已经向多层次、多类型、多样化发展，形成了不同的教学质量标准以及不同的治理模式。高等教育在加强了教书育人功能的同时，在服务经济和社会发展中越来越显示出强大的促进作用，在科技创新、高新技术推广、带动传统产业开展技术改造、对外交流与合作等方面发挥着越来越重要的功能。高校治理体制的改革、结构的调整、职能的定位、内涵的提升、内部管理的综合改革等新情况、新变化给高校的内部监督工作提出了新的要求。

2. 职权扩大后的新挑战

合并办学和扩大招生使高校的规模不断扩大，与此同时，学校领导、职能部门和院系负责人的职权也在扩大。多种形式的教育为加快高等教育发展开辟了新路，学校招生权、自主权越来越灵活，财政经费的来源越来越广；干部竞争上岗、择优聘任调动了教学科研人员的积极性，但也在一定程度上淡化了民主评议，给个别心术不正、弄虚作假者提供了机会。个别人利用手中权力垄断学术资源，在职称评审、学位授予、项目评审、学术成果评奖等活动中拉帮结派，排斥异己，从而引发学术腐败，阻碍学风、校风建设。所有这些，都是高校以往的内部监督工作中很少遇到的。

（三）高等学校内部监督的主要问题

面对各种情况，高校内部监督工作在许多方面与形势发展不相适应，主要表现为以下几点。

一是少数人存在对校、院、处、室领导不想监督、不敢监督，怕"得罪人"的顾虑。

二是监督机构有待完善。一些高校的监督机构并没有因为学校规模的扩大而得到完善，缺乏得力的干部，内部监督工作难以落实到位。因此，学校发展和改革中涌现的许多新鲜事物、新的工作领域都缺乏有效的制约和监督，或难以深入进行监督。例如，多种形式教育中的招生问题、收费问题、资金使用和分配问题；校办产业的一些产权问题、利润提成和分配问题；后勤剥离过程中国有资产管理问题；基建项目招投标管理问题以及基建投资的管理问题；对外合作办学过程中的守信问题；等等。

三是监督机制需要完善。现行机制中的高校纪检监察机关作为党政的监督部门，具有监督校院党政领导人的职责，但与学校党委和行政的关系是一种隶属关系。监督机构干部的任免既要受制于同级党政的领导，又要求不考虑个人利益，凭党性去"碰硬"，监督同级党政班子。这种"既治于人，又要治人"，客观上存在着对同级党政班子"不敢监督""监督软弱无力"的现象，影响了监督的实际效果。加之现行体制是"以块为主"，监督机构对本单位的各种违纪问题和腐败现象，核实为难。在这种监督体制下，监督人员都不可能无所顾忌地放手开展监督工作，所以高校现行的监督机制需要进行完善。

二、创新高等学校内部监督机制

高校的内部监督工作在高校改革和发展的形势面前，具有特殊地位和责无旁贷的作用。而要推进高等教育事业的健康稳步发展，需要创新健全监督机制，依法依规加强内部监督工作。

（一）创新领导机制

随着高校发展加快、改革力度加大，高校监督体制也应做相应的调整和改革，以巩固发展的成果，保证发展的方向，提升办学的效益。比如，让高校监督部门具有相对独立地行使监督职能的权力，争取变"同体监督"为"异体监督"，使监督部门实施监督时无后顾之忧。如果目前还难以做到这一点，可以继续保持监督部门受上级和所在学校党委双重领导的体制，实行以监督部门的上级领导为主领导的体制，该部门的干部由上级考察、提拔、任用，从而保持其相对独立性，增强其权威性。这样，才能使监督部门的干部避免受制于人，监督部门才有可能充分行使职权，高校各项内部监督工作才有可能落到实处。

（二）创新工作机制

2020年习近平总书记提出：要继续健全制度、完善体系，使监督体系契合党的领导体制，融入国家治理体系，推动制度优势更好地转化为治理效能。通过构建全覆盖的制度执行监督体系，可着力促进主体责任与监督责任贯通协调，推动各种监督互联互通，提升监督质效，确保党中央决策部署及省委各项要求不折不扣地落实。2020年3月中共福建省委办公厅出台的《关于建立健全"1+X"监督机制的意见》明确指出："1"指纪委监委履行专责监督。"+"指党委统一领导，发挥有关部门党组织的领导作用，对党内监督和其他监督进行统筹协调，促进纪委和有关部门同频共振、同向发力，实现协同监督。"X"指各有关部门根据职责职权进行职能监督。在高校监督机制创新时可以参考应用"1+X"监督机制。党的十九届四中全会提出，要以党内监督为主导，推动各类监督有机贯通、相互协调。党的十九届五中全会又进一步提出，要促进各类监督贯通融合，不断增强监督治理效能。高校探索应用"1+X"监督机制，要深入学习贯彻党的十九届四中、五中全会和习近平总书记重要讲话精神，走出监督效能认识小我，站位监督治理效能大我，从提高监督治理效能，推进高校治理体系和治理能力现代化上下功夫。其前提在于提高人员的监督责任意识，核心在于促进各类监督贯通融合，关键在于锻造一支过硬的监督干部队伍。

1. 提高政治站位

（1）增强思想自觉，牢固树立"不抓监督就是失职"的理念

第一，认清形势，深刻领会新时代监督工作的重大意义。权力是一把"双刃剑"，用得好它可以利国利民，促进人类社会进步发展，用得不好或滥用就会滋生腐败，祸国殃民。干部的党性修养、思想觉悟、道德水平不会随着党龄的积累而自然提高，也不会随着职务的升迁而自然提高，而需要终生努力。习近平总书记指出："没有监督的权力必然导致腐败，这是一条铁律。"监督是权力正确运行的根本保证，信任不能代替监督，如果只有信任没有监督，那么信任就变成了放任，就往往使干部走上违纪违法的道路。当前，中国已开启全面建设社会主义现代化国家新征程，"十四五"时期经济社会发展的基本思路、主要目标以及2035年的远景目标已经绘就，其落地实施离不开有力有效的监督。高校负担着培养社会主义事业合格建设者和可靠接班人的重任，面对当前复杂的国际形势和繁重的国内建设任务，必须站在事关党和国家生死存亡和关系社会主义事业前途命运的高度，把监督贯穿于学校事业发展全过程。

第二，加强学习，切实增强监督的责任感、使命感。各高校应围绕落实全面从严治党责任要求，切实加强对全体教职员工履行监督责任的宣传教育；重点组织党员领导干部深入学习《党章》《中华人民共和国监察法》《中国共产党党内监督条例》以及中共中央办公厅印发的《党委（党组）落实全面从严治党主体责任规定》等有关法律法规，充分认识监督是各级党组织和广大党员领导干部的共同责任，认清监督是党和人民赋予的权力，抓监督是各级组织部门的本职工作，强化主责意识，牢固树立"抓好监督是本职，不抓监督是失职，抓不好监督是不称职"的责任意识，以高度的政治自觉切实履行好监督职责。

（2）增强监督自觉，牢固树立"严管就是厚爱，监督就是保护"的理念

第一，准确把握监督本质，让监督的意识强起来。"加强对干部的监督，是对干部的爱护。放弃了这方面责任，就是对党和人民、对干部的极大不负责任。"

人非圣贤，孰能无过？监督的本质就是预防腐败发生，最大的功效是挡住了犯错误的势头，使人不再犯新的、更大的错误。监督必须坚持"惩前毖后、治病救人"的方针，发现苗头就要及时提醒，有了疑点就要及时谈话警示，做到早发现、早报告、早处置，从小错抓起，动辄则咎，有效防止要么是"好同志"，要么是"阶下囚"现象发生，而不是发现问题捂着不报告，充当"好人"，使小问题变成大问题，害人害己。"有人监督是福，不管不问是祸。"

第二，充分发挥"头雁效应"，让自觉接受监督的意识立起来。每一位党员领导干部既是监督者也是被监督者，我们在监督别人的同时也要接受别人的监督。历史上被党和人民充分信任的监督者蜕变成腐败者的例子比比皆是，监督者也须被有效监督。作为领导干部尤其是高校各级领导班子成员，首先必须正确理解和对待监督，牢固树立"监督者更要接受监督"的意识。"领导带头，万事不愁"，领导干部必须发挥带头作用，以上率下，处理好自律与他律的关系，既要严格监督他人，更要主动接受检查、乐于接受他人监督，层层立标杆、做示范，上行下效，使得更多人能够正确对待并自觉接受监督，学会在批评监督中成长，习惯在被监督中履职尽责、干事创业，引领形成人人自觉接受监督的良好氛围。

2.完善体制机制

（1）加强主责监督与专责监督贯通协调

第一，各高校党委要强化守土有责、守土担责、守土尽责的政治担当，坚持既挂帅又出征。具体如：根据省委办公厅颁发的《关于建立健全"1+X"监督机制的意见》，出台落实"1+X"监督机制相应实施办法，强化学校党委全面领导、纪委（监察专员办）专责监督和部门职能监督，实施清单式管理，明确职责定位，规范履职内容，构建横向协同、纵向贯通的监督责任体系，深入推进党内监督大格局构建，把"一家做"变"大家做"，从"单打独斗""各自为战"向协同贯通、一体推进转变，形成常态长效的监督合力，提升监督成效。

第二，各高校纪委要积极协助党委落实主体责任。党委主体责任与纪委监督责任是管党治党责任的两个重要方面，纪委在履行全面从严治党监督责任的同时，应当通过重大事项请示报告、提出意见建议、监督推动党委决策落实等方式，协助党委落实全面从严治党主体责任。同时，聚焦主责主业，强化监督执纪问责，盯住重点人重点事，建立"嵌入式"监督机制，紧盯权力运行的"关键点"、内部管理的"薄弱点"、问题易发的"风险点"，坚持同向发力，使"党组织主动督责"和"纪检组织精准督纪"有机结合。

（2）加强专责监督与职能监督互联互通

第一，推动与校内巡察监督的深度融合。高校纪委要积极推动学校党委坚定不移深化政治巡察制度，进一步健全巡察机构，配齐配强专职巡察干部，建立校内巡察工作人才库，加强对校内巡察工作的指导督导，完善校内巡察工作制度和工作格局，建立健全巡察与纪检监察、组织、审计等协作配合机制，强化监督成果的综合运用，推动共性问题集中整治，形成监督合力。

第二，推动与其他职能监督间协同联动。高校纪委要牵头建立监督工作联席会议制度、部门会商机制、联合督查机制等，充分发挥党内监督的政治引领作用，通过项目化推进、流程化运作、清单化管理，使监督融入部门治理、基层组织治理之中，推动监督下沉、监督落地。同时，加强纪检监察部门与党政办、组织、人事、审计等部门的配合与衔接，充分发挥纪检监察专责监督与职能部门专业监督的优势，在信息共享、力量配备、问题发现、成果运用等方面贯通协作，解痛点、通堵点、破难点，不断增强监督治理效能，推动制度优势更好地转化为治理效能。

3. 提高人员素质

（1）统一机构配置，把好人员选拔入口关

第一，学校党委要协同纪委按照党中央关于高标准完善党和国家监督体系的新要求，根据学校工作实际，按照上级要求，全面落实纪检监察、审计、巡察、二级党委分纪委等机构独立设置。同时，统筹考虑监督队伍全面建设，严格用人标准，精准科学选人用人，保证人员思想过硬、能力高强、数量充足、结构合理。

第二，采用招聘、竞聘或转岗交流，将政治素质好、思想作风正、业务能力强，且具有党务、经济、法律、金融、财会、审计等专业能力的优秀干部选调充实纪检监察、审计、巡察干部队伍，优化人员结构，做到在年龄结构、性别结构、类别结构方面合理搭配；把认真履行全面从严治党责任，敢抓敢管、善抓善管作为选任二级单位主要领导干部的必备条件；配齐配强基层纪检兼职人员，扎实做好专责监督、职能监督、日常监督"三支队伍"建设。

（2）统一教育培训，把好人员综合素质关

第一，强化教育管理，着力解决敢于监督问题。党委对学校党章党规党纪执行监督工作负主体责任，要经常对党员领导干部开展理想信念教育，牢记习近平总书记关于履行好监督责任的要求，"在腐败面前当好人，在党和人民面前就当不成好人"，始终把讲政治贯穿于干部监督工作全过程和各方面，夯实监督为民的政治根基；定期召开工作汇报交流会，协同纪委建立考核评议、督查督办、追究问责等奖惩制度，牢固树立"发现不了问题是失职，发现问题不提醒、不纠正、不查处就是渎职"的观念，有效督促各监督部门真正把监督责任扛在肩上，形成知责明责、履责尽责、督责评责、失责问责的工作闭环。

第二，强化培训实践，着力解决善于监督问题。党委要加强业务培训，通过个人自学、专题研讨、集中培训、工作交流、学习考察等形式，教育人员开展监督工作要坚持实事求是、依规依纪依法以及纪法情理贯通融合原则，牢固树立法治意识、程序意识、证据意识，做到规范监督、精准监督；加强实践锻炼，综合利用校内巡察、专项检查、以案代训、挂职锻炼等实训实战途径，丰富工作经验，提升发现问题、解决问题的能力和水平。监督是做人的工作，引导人员要坚持抓早抓小，把思想政治工作贯穿始终，灵活运用宽严相济、区别对待的政策策略，充分运用"四种形态"，全面地、历史地、辩证地判断和处理问题。总之，应既严肃查处违纪违法的干部，又旗帜鲜明为担当者担当、为负责者负责；既为受到诬告的干部澄清正名，又让受到处理的干部放下包袱；既用监督加压，也用信任加力，不断激发干部干事创业的正能量，全面提高干部的监督能力和水平。

（三）创新监督教育机制

高校是培养人才的基地，监督工作从一定意义上讲也是教育人、培养人的工作，因此，要把监督工作同查处办案工作、廉政教育工作有机地结合起来。监督工作是为学校发展保驾护航的重要工作，其具体工作不是孤立的，如果只监督而不重视教育，或者只监督而不查处办案，监督工作就难免流于形式，久而久之，群众就会对监督工作失去信心，监督工作也就难以收到显著的效果。不少高校的工作经验说明，严格的组织生活能增强广大纪检监察干部的权利和义务意识，使他们以对党的事业高度负责的态度，敢于坚持党性原则，自觉承担监督责任。高校应通过各种学习教育，提高领导干部的素质，解决好自觉接受监督的认识问题，使他们感受到对自己的监督正是组织的关怀和爱护。高校监督工作在积极贯彻一系列监督规章制度的同时，还要注重廉政教育、警示教育和党员干部的表率教育的有机结合，最大限度地发挥内部监督工作在高校建设发展中的保障作用。

三、推行校务公开

（一）校务公开的重要性

根据我国《教育法》及《高等教育法》的规定，高校属于"法人"。但是，由于我国公立高校是由政府出资主办，在《教育法》《高等教育法》的授权下运行的，接受上级行政主管部门的管理。同时，它享有国家行政职权，承担人才培养、科学研究、社会服务和文化传承等新任务。

我国公立高等学校的资金来自公共财政。它所提供的产品，是一种公共产品，是为公众服务的，与公众的切身利益有密切关系。基于这种投资的公共性和它提供产品的公共性，公众自然就有理由去要求高等学校对社会公开其相关信息。公共信息公开化、行政透明化，是一种政治理念的改变，也是走向现代宪政文明的起点。高等学校信息公开是现代民主社会发展的必然要求，基于高校所具有的公务性特征，它对社会公开其办学过程中的相关信息也就更具重要意义。

实行校务公开是新形势下推进高校民主政治建设和领导班子建设的重大举措。它可以调动广大教职员工和方方面面的人士参与学校管理和监督的积极性，畅通民主渠道，营造民主气氛。实行校务公开是加快高校建设和发展的需要。随着高等教育改革的不断深入，群众对事关学校建设和发展的重大问题以及同他们切身利益相关问题的关心程度越来越高，他们希望知情出力，企盼公平、公正。因此，凡是与学校管理、教育改革、加快发展密切相关的事项和涉及教职员工以及学生切身利益的事项，都应在一定范围内以适当的方式和程序予以公开，使相关管理部门、管理人员自然而然地接受教职员工和学生的监督，让治校权力在公开的程序中接受群众的监督和制约。推行校务公开是高校实现决策民主化、科学化和法治化的需要。当前，决策民主化、科学化和法治化在高校领导班子中已经有了很大的进展。按照民主集中制原则，在高校党委和领导班子中已形成了不少有效的会议制度和议事规则。实行校务公开，可以使学校在决策时更好地发挥民主，正确决策，避免失误。民主是法治的灵魂和精髓，没有民主，就没有法治。校务公开是社会主义民主政治建设在高校发展中的必然要求，也是民主法制建设的重要组成部分，是高校管理体制、运作方式的改革和创新，是高等教育从人治到法治的重大转变，有利于改变过去那种传统的程序不严格、办事效率低下、随意性大、人为性强的管理弊端，以新的管理理念、管理模式、思维方式、工作方式和工作状态来适应依法治教的要求，逐渐形成适应依法治教的内部管理体制和运行机制。大学应由追求纯学术价值的"象牙塔"转变为新型的"社区服务站"。让社会公众了解高校的重要信息，有助于公众理解高校的办学目标、使命，甚至办学困难，有助于公众对高校办学建言献策。整合社会资源，转变高校职能，更好地问计于社会，适应并满足国家和社会的发展需求都需要将学校的相关信息与公众来分享，做到有针对性地表达，推进高校开放办学。

（二）校务公开的原则

1. 公开原则

信息公开原则是世界各国信息公开法共有的一个原则，也是我国行政法上的行政公开原则在高校信息公开制度中的具体化。公开即不加隐藏，高校基于其公务法人地位，包括投入和产出的公共性决定了其在信息公开方面应参照政府，确立"以公开为原则，不公开为例外"的原则。高校在管理和提供社会公共服务的过程中制作或者获取的信息都应依法公开。当然，公开原则并不代表所有的信息都应公开，《高等学校信息公开办法》规定了公开的例外情况，一般包括国家秘密、商业秘密和个人隐私。这些信息在公开的时候要受到一定限制并遵循特定程序。

2. 及时原则

《高等学校信息公开办法》对于主动公开信息和依申请公开信息都做了时间上的规定：属于主动公开的信息，高等学校应当自该信息制作完成或者获取之日起 20 个工作日内予以公开；公开的信息内容发生变更的，应当在变更后 20 个工作日内予以更新；学校决策事项需要征求教师、学生和学校其他工作人员意见的，公开征求意见的期限不得少于 10 个工作日；法律法规对信息内容公开的期限另有规定的，从其规定。对申请人的信息公开申请，高等学校根据情况在 15 个工作日内分别做出答复。

3. 准确原则

高校应对自己提供信息的准确性和完整性负责，要确保自己所提供的信息是准确无误的。并且随着形势的发展，高校应按时更新信息发布平台上的信息，对于可能影响校园稳定、社会稳定，扰乱社会管理秩序的虚假或者不完整信息，应当及时予以澄清。

4. 便民原则

便民原则主要是指在设计信息公开制度时，信息公开的范围、方式、程序、救济等方面都应该包括有利于公众获取信息的环节，确保其知情权的实现。

高校在信息公开工作中，应当严格遵守法定程序，积极履行法定职责，提高办事效率，提供优质服务，以方便社会公众、师生员工依法获取高校信息，并尽可能减少申请人的物质成本和时间成本。

（三）校务公开的内容和形式

1. 校务公开的内容

高校校务公开的内容大体可以分成三大类。

（1）重大决策公开

重大决策公开，目的是让广大教职员工参与讨论和决策，使决策更具有民主性和科学性，避免重大决策失误，同时也体现了全心全意依靠教职员工办学的方针，真正使教职员工在学校工作中拥有主人翁的地位和责任感。

（2）人、财、物等重要事务公开

人的问题，主要是指干部的选拔聘任、教职员工的调入调出、职称评聘、学生的录取、就业派遣等；财的问题，主要是指各项预算外的资金、学生缴费、各种捐资、赞助、基建资金等的管理和使用；物的问题，主要是指设备的购置和管理、校园资产的管理等。人、财、物等重要事务公开的目的是让教职员工参与管理、参与监督，使学校有限的资源得到合理的利用，获取最佳效益，同时防止违反纪律的事件发生。

（3）热点问题公开

高校热点问题包括诸如职位晋升、子女就业、住房分配、公费出国、申报科研课题、项目招标、评先评奖等，这些热点问题公开，可以使广大教职员工参与管事、议事，发表意见，从而畅通民主渠道，以利把好事办实，把实事办好。

2. 校务公开的形式

高校校务公开可以通过以下制度形式：教职工代表大会制度、专家教授咨询委员会制度、座谈会征求意见制度、干部会议及相关会议通报情况制度、群众代表议事制度等。学校还可以设置校务公开专用橱窗、公开电话、公开网站、征求意见箱等。

（四）校务公开工作的落实

推进校务公开必须坚持做好以下工作。

1. 切实加强领导，健全体制和机制

建立符合高校实际的工作领导体制和运行监督机制，明确权责关系，形成强有力的领导合力，保证校务公开得以顺利推进。

2. 加强制度建设，强化民主管理

校务公开工作的制度化建设是开展校务公开工作的保障，是避免工作随意性、随机性的有益举措，是达到公开目的的保证。因此，在校务公开的过程中，必须按制度来办事，用制度来规范行为，减少人为干扰和影响，最大限度地发挥校务公开的作用，提高民主决策、民主管理、民主监督的水平，努力推动学校整体工作的开展。

3. 坚持公正原则，重视规范管理

校务公开是一项十分严肃的工作，既要对组织负责，又要对群众负责，因此要在学校党委的统一领导下进行，而且必须从实际出发，按照公开、公正办事制度的原则和要求，制定推行公开工作的具体方案和相关的配套措施，强化校务公开的规范管理。

4. 坚持以人为本，体现广大教职员工的共同意愿

依靠广大教职员工的积极支持和自觉参与，切实重视他们对校务公开工作所提出的问题、意见和建议，这是发挥校务公开作用的关键。因此，校务公开必须注重两个方面的内容：一是要通过各种公开的项目、内容和形式，吸引、组织教职员工参与学校改革、发展，以及重大事务的讨论、研究、论证，并在落实决策中身体力行。二是要将广大教职员工的聪明才智和共同意愿吸引到决策中来，党政领导和有关部门依法行使职权，将他们的监督、建议纳入议事范围，及时解决他们提出的问题，这不仅有利于领导做出正确决策，也是以人为本、实行校务公开的根本出发点和落脚点。

5. 坚持实事求是原则，务求工作实效

校务公开是透明形式和真实内容的统一，是"阳光"行动。因此，必须坚持做到"三要"：一要工作环节到位；二要工作实效到位；三要自觉参与到位。

四、重视领导班子监督

（一）加强领导班子内部监督的必要性

近几年来，少数高校发生的以权谋私、违法违纪案件中，涉及的人已不限于科、处级干部，现在已向校级干部蔓延。事实证明，注重内部监督对于加强高校领导班子及其成员廉政、勤政建设具有重要作用。一是防止重大决策失误。社会的巨大变化与高校领导班子成员知识、经验、判断力的有限性形成了强烈的反差。当今中国已由封闭走向开放，由计划经济转变为市场经济，由利益的单一化转向利益的多元化，高校成为自主办学的法人实体。这些巨大变化必然要求高校的改革发展与其相适应，然而这种适应并不是一蹴而就的，而是在不断解决高校同社

会以及高校内部的诸多矛盾中实现的。要解决好这些新的、相当复杂的矛盾，仅靠领导班子成员个人是有困难的。因此，要发挥领导班子集体智慧的作用就必须加强内部监督，防止个人专断。二是避免负面效应。市场经济的一些负面效应可能成为一种诱发剂，导致高校领导班子某些成员以权谋私，违法违纪。市场经济的竞争原则会刺激一些人的投机心理和不正当竞争行为；市场经济的等价交换原则会渗透到人际关系和党内政治生活中，诱发钱权交易；市场经济中适度投机行为的合法性也会激起某些人的投机欲望，搞投机活动；市场经济的价值取向，也容易使人滋生拜金主义、享乐主义、极端个人主义等。因此，为了避免市场经济的某些负面效应对高校领导班子产生消极影响，就需要通过内部监督对领导班子的行为加以规范和制约。三是注重个人世界观改造。高校领导班子成员虽然整体素质较高，但其个人世界观、人生观、价值观的改造是一个长期的过程，需要经常注重自我改造，修身自重。只要加强领导班子内部监督，铸起抵制腐朽思想侵袭的一道屏障，就能促进个人世界观、人生观、价值观的改造，积极防止违法违纪行为的发生。

（二）切实加强领导班子内部监督的责任制

1. 自觉坚持做学以致用的表率

学习政治理论，学习法律法规，学习时事政策，特别是学习习近平新时代中国特色社会主义思想，是不断加强党性修养，增强内部监督和自我约束的政治思想基础。党的十八届六中全会通过的《中共中央关于加强党的执政能力建设的决定》和《中国共产党问责条例》集中体现了加强高校领导班子内部监督责任制的基本要求。高校领导班子成员只有勤奋学习，善于学习，成为学以致用的表率，才会在纷繁复杂、快速变化的社会中，始终保持清醒的头脑，牢记自己的政治责任，把握正确的办学方向；才会注重理论联系实际，认真解决办学过程中涉及方向性、全局性、前瞻性、决策性的一些重大问题，不断提高领导能力和领导水平；才会运用马克思列宁主义的立场、观点和方法，分析研究和处理工作中的各类复杂矛盾，提高从事物现象中抓住本质的能力，自觉贯彻落实党和国家加强党风廉政建设的有关纪律和规定，增强遵守党纪、党规和法律法规的自觉性，始终保持政治上的坚定性，坚定不移地贯彻执行党的路线、方针、政策，不断提高政治鉴别力和政治敏锐性，努力继承和发扬党的优良传统和作风，不徇私情，不谋私利，克己奉公，洁身自好，堂堂正正做人，勤勤恳恳做事，实实在在做教职员工和学生的公仆。

2. 自觉坚持做廉洁自律的表率

党政一把手肩负的责任更大，更要自觉从严要求，成为廉洁自律和自觉接受监督的标杆，这也是加强内部监督的关键。高校是立德树人的阵地，是为人师表的殿堂，高校领导班子成员平时的一言一行都会在师生中产生一定的影响。因此，就需要领导班子成员时时处处做廉洁自律的表率，凡是要求别人做到的，自己首先要做到；严禁别人做的，自己坚决不做。要时刻想着党和人民的利益，想着自己肩负的责任，控制自己，管好身边的工作人员，自觉地把自己置于组织的监督和制度的约束之下，管好、用好手中的权力，为高校的改革发展添砖加瓦。

3. 自觉坚持做遵章守规的表率

高校领导班子成员只有讲规矩、立规矩、守规矩，才能使监督工作落实到位。邓小平同志说过："制度问题更带有根本性、全局性、稳定性和长期性。"建立、完善和落实各种廉政制度，才能使高校领导班子的内部监督得到有效依据和保证。经过实践与探索，已经发现了一些有效的举措。一是坚持民主生活会制度。坚持民主生活会制度是加强对高校领导班子内部监督的一种最直接的形式和有效途径，是领导干部进行自我教育、自我提高的重要措施。二是坚持民主集中制原则。它既是加强党的建设的根本，又是对权力加以约束，加强内部监督的最有力的措施。凡是涉及高校改革与发展的重大问题，都必须经过领导班子集体讨论决定。三是建立事前、事中、事后监督相结合的制度，使内部监督贯穿领导班子活动的全过程。事前防范监督体系是指加强领导班子对某一重大问题决策的监督，保证决策的不失误；事中跟踪体系是指班子成员在贯彻落实某一重大决策过程中，要及时就工作情况与领导班子沟通，及时校正偏差；事后检查监督体系是指对完成某一重大决策的情况进行认真检查，对班子成员的行为进行监督。四是从高校的实际出发，对容易出现腐败现象的部位和环节进行重点治理，并制定一系列可操作的规定，使领导班子成员能自觉从严规范自己的用权行为，并接受其他成员的监督。

只有深入探讨在新阶段、新形势下强化高校内部监督的新思路、新办法，建立全方位、多层次的监督网络，并通过各方面的努力，把内部监督落到实处，才能从根本上遏制腐败现象和不正之风的滋生和蔓延，从而发挥内部监督在高校建设中的重要作用，把高校的教育改革和持续发展不断推向前进，真正办好让人民群众满意的高等教育。

第五章　新时代高校法治工作创新路径

本章为新时代高校法治工作创新路径，主要从高校师生法治工作创新和高校管理法治工作创新两个方面对高校的法治工作创新进行探索，力求找到新的工作路径以及给予读者新的启发。

第一节　新时代高校师生法治工作创新

一、强化高校师生的法治意识

中国共产党十八届四中全会通过的《中共中央关于全面推进依法治国若干重大问题的决定》从党和国家事业发展全局的战略高度，对全面推进依法治国做出了一系列新的重大部署，是指导新形势下全面推进依法治国的纲领性文件。该决定提出了推动全社会树立法治意识的重大任务。推动全社会树立法治意识，增强全社会厉行法治的积极性和主动性，形成守法光荣、违法可耻的社会氛围，使全体人民都成为社会主义法治的忠实崇尚者、自觉遵守者、坚定捍卫者，对于全面推进依法治国、建设社会主义法治国家具有重要意义。基于高校依法治校主体对象的现状梳理，高校师生的法治意识亟待强化。

（一）强化教师法治意识

高校依法治校工作虽然在不断向前推进，但教师学法、用法及依法办事方面依然存在一些不足之处，主要表现在教师学法不全、用法不足以及依法办事能力欠缺三个方面。

1. 学法不全

当前，高校一线教师对依法治校宏观层面的理念是了解的，但对于依法治校纳入学校工作议程以及个人如何积极参与其中等实践层面的了解则较欠缺。

2. 用法不足

当前，高校一线教师对依法治校实践层面认识不足，导致其在用法上也存在不足。虽然高校教师普遍反映学校依法治校执行情况较好，但学校之间存在差异，反映出部分学校在依法治校执行方面表现不佳。

3. 依法办事能力欠缺

高校教师学法不全、用法不足，直接导致其依法办事能力欠缺。

（二）逐步形成学生法治意识系统化

当前，高校依法治校工作不断推进，但学生在学法、用法及依法办事方面依然存在一些不足之处，主要表现在学法认识片面、用法不理想以及依法办事满意度不高三个方面。

1. 对学法认识片面

当前，高校学生对依法治校宏观层面的理念、依法治校纳入学校工作议程等了解都较少，对学法认识片面。

2. 用法不理想

当前，高校学生对依法治校理念认识欠缺，导致其在用法上也存在不足。同时，学生普遍认为学校依法治校执行情况不理想。

3. 依法办事满意度不高

对学生对相关管理制度的合法性、公正性及公开性情况满意度的调查显示，学生满意度不高；对学生对各项管理制度切实有效执行整体满意度的调查显示，学生不满意度高于满意度。

（三）营造良好的学法氛围

1. 高校党委要树立法制观念

根据《中共中央关于加强党的执政能力建设的决定》的精神，高校领导干部首先要起好带头作用，要树立法制观念，在法律允许的范围内开展相关教育教学活动。无论是领导还是组织成员，都要不断提升自己的法律素养，注重法治精神的养成，不断进行法律法规的学习，严格根据相关规定来办事，为广大师生做好依法治校的引导者与榜样。

2. 加强法律知识的宣传教育

（1）落实普法教育规划

①制定学校普法教育规划

丰富广大师生的法律知识，使其树立法律意识与法治观念，是落实依法治校的重要条件和基础。学校坚持将普法教育作为依法治校工作的重要抓手，按照《中央宣传部、司法部关于在公民中开展法制宣传教育的第六个五年规划》的通知、《全国教育系统开展法制宣传教育的第六个五年规划（2011—2015年）》精神，紧密结合学校事业发展实际，制定了普法的指导思想、基本原则、目标任务和工作要求，并结合具体的工作计划进行了重点部署，将深入开展法制宣传教育作为推进依法治校、加快学校改革和发展步伐的一项重要任务。

②加强普法教育的组织领导

学校成立由党委书记担任组长，党委副书记、副校长担任副组长，校办、纪检委、宣传部、工会、学工处、团委、保卫处等部门负责人参加的普法工作领导小组，并在党委宣传部设办公室，负责普法的日常工作。各二级单位指定专门工作人员负责本单位的普法工作。

（2）分层开展普法教育

①领导干部带头学习法律法规，做学习的表率。按照普法规划，深入学习宣传《宪法》相关法、《中华人民共和国行政法》《中华人民共和国经济法》《中华人民共和国社会法》《中华人民共和国刑法》《中华人民共和国诉讼与非诉讼程序法》等方面的法律。校党委学习中心组强化了法律知识的学习，采取外请专家开讲座、自力更生当老师的灵活做法，以市场经济法律知识和教育法律法规为主要内容，进行了有针对性的法制教育。学校党委学习中心组率先系统地学习了《宪法》《高等教育法》《中华人民共和国物权法》《中华人民共和国合同法》《中华人民共和国行政许可法》《中华人民共和国矿产资源法》《中华人民共和国保密法》和《中华人民共和国知识产权保护法》等法律法规，通过学习，领导班子成员进一步加强了对学校民主政治建设重要性和紧迫性的认识，极大地提高了依法治校的能力和水平。学校实行二级干部培训制度，党委将干部学法作为培训的重要内容，要求管理干部带头学习法律知识，注重学好、用好与学校管理有关的专业法律法规，掌握必要的法律知识，增强法制观念，依法履行职责，依法管理，依法决策。

②坚持分类学习，增强学习的针对性和实效性。学校遵循普遍教育与重点教育相结合的原则，在对广大教职员工进行普法教育的同时，精心组织，分类指导，

针对不同的群体，重点学习与实际工作相关的法律法规，采取多种教育形式开展系统的普法教育活动。如在对教师的法制教育中，先后组织学习了《高等教育法》《中华人民共和国教师资格条例》《教师法》《中华人民共和国工会法》《中华人民共和国妇女权益保护法》等法律法规；在对后勤系统职工的法制教育中，组织了《中华人民共和国劳动合同法》《中华人民共和国公共卫生条例》《中华人民共和国食品卫生法》等法律法规的学习；在附属学校的法制教育中，组织了《中华人民共和国国旗法》《中华人民共和国义务教育法》《中华人民共和国预防未成年人犯罪法》《中华人民共和国未成年人保护法》的学习。通过学习，广大教职工的法律意识普遍增强，对自己在日常工作和生活中必须维护的合法权益和必须依法履行的义务有了较为系统的了解，提高了依法管理、依法办事的水平和能力。

③学校坚持法制教育与党风廉政教育相结合。学校通过制定一系列的制度、规定，进一步推进党风廉政建设，并注重落实情况的监督检查；举办预防职务犯罪的讲座，加强案例警示教育；在学生党员、新生形势政策课、毕业生教育中开设党风廉政宣传教育讲座，抓好青年学生廉洁教育工作；进一步贯彻党风廉政建设责任制，加强对重点部门、关键岗位的有效监督，进一步促进领导干部廉洁从政，推进依法行政、依纪办事。

（3）拓宽普法教育渠道

①结合专业特色，推进普法教育进课堂

学校高度重视学生法制教育工作，充分发挥课堂教学的主渠道作用，将法制课程纳入学校的正常教学活动中；在学生中广泛开展了中国特色社会主义法治思想、宪法法律制度、民事法律制度和刑事法律制度的宣传教育；开设"法律基础"必修课，选派有经验的教师担任教学工作，做到了教学有大纲、学习有教材、任课有老师、课时有保证。同时，结合行业和学科的特点，各学院不断加强行业法律法规的宣传和教育。如地球科学学院在专业课教学中，结合本学院专业情况，组织学生学习《中华人民共和国土地管理法》《中华人民共和国知识产权保护法》等相关法律法规；环境学院结合本学院学科特点，在专业课教学过程当中，给学生讲解《中华人民共和国环境保护法》《中华人民共和国大气污染防治法》《中华人民共和国水土保持法》《中华人民共和国森林法》等相关法律法规；工程学院根据国家安全生产整体情况，为提高本院学生的安全生产意识，与专业教学相结合，向学生讲授《中华人民共和国矿山安全法》《建设工程安全生产法律法规》等有关法律内容；资源学院从本院科研教学实际需要出发，结合专业特色，要求专业课教员将《中华人民共和国土地管理法》《中华人民共和国矿产资源法》《中华人民共和国招标投标法》等法律法规知识运用于教学实践中。

②发挥学生主体作用，依托社团营造教育氛围

学校积极发挥学生社团和信息媒体的作用，努力营造法制文化氛围。学工处、校团委充分发挥学生社团作用，以法律协会、诸子百家政法研究会等社团为主要依托，开展了"大学生学费价格模拟听证会""模拟法庭"等富有特色的法律活动。同时，每年在12月4日"国家宪法日"前后，组织发动全校学生深入开展法制宣传教育活动，通过法制教育图片展、法律咨询、法制讲座、法律知识竞赛等多种形式，大力宣传国家法律法规。此外，公共管理学院发挥学院专业优势，积极发动法学教研室专业课教师，加强对法律协会等社团的指导，以模拟法庭为基地，通过参观和旁听人民法院对具体案件的审理工作，大力开展普法宣传活动，强化广大学生的法律意识。同时，大学生法律协会采取法制讲座、专题报告、知名学者讲学等形式传播法律知识。

③充分利用信息媒体，开展形式多样的宣传活动

学校注重加强法制宣传教育阵地建设，利用校内电视、广播、校报、宣传橱窗、墙报、画廊等多种媒介，开展普法教育，营造出了浓郁的法制文化氛围；以学习宣传宪法为核心，进一步学习宣传国家基本法律制度，提高广大师生员工参加普法学习的自觉性，激发广大师生员工学法、守法、用法的积极性，大力提高师生员工的宪法意识、法治观念和法律素质。如开展以"崇尚科学、反对迷信""珍惜生命、拒绝毒品"为专题的法制宣传活动，利用校内电视、校园广播播放与法律有关的影视片等。

（四）构建良好的用法环境

1. 厘清依法治校与以法治校的关系

依法行政是依法治校的前提和保障，高校管理者应摒弃人治的思想，树立以人为本、依法治校的理念。构建良好的用法环境，首先应厘清依法治校与以法治校的关系。"依法治校"是指按照法律法规管理学校事务、开展学校工作；而"以法治校"包含两方面意思：一是运用法律法规管理学校；二是运用法律手段管理学校。其中，只有拥有执法权的主体才能运用法律手段，学校不是执法者，不能运用法律手段。但是，执法主体虽然可以运用法律手段，但也必须依法，否则它的执法行为也是违法的。

2. 坚持董事会领导下的校长负责制

高校校长在董事会领导下，依法行使职权，积极主动地做好教学、科研和行政管理工作。校长应全面执行党的路线方针政策，贯彻执行党的教育方针，坚持社会主义办学方向，坚持立德树人，依法治校，推进学校思想政治工作和德育工作开展，讨论决定学校内部组织机构的设置及负责人的人选，讨论决定事关学校改革发展稳定的重大事项。

3. 加快中国特色现代大学制度建设

为了更好地促进高校依法履行职责、完成使命，必须加强中国特色现代大学制度建设。现代大学处在复杂的社会关系中，它不仅要处理好外部关系，即学校与政府、社会、市场的关系，还要处理复杂的内部关系，比如师生关系等。因此，其要借鉴其他国家教授治学的经验，积极探索教授治学的有效途径，充分发挥教授在教学、学术研究和学校管理中的作用；加强教职工代表大会、学生代表大会的建设，充分发挥学校全体师生在监督和管理中的作用；依照相关法律制定大学章程并依照章程规定对学校进行管理；尊重学术自由，营造宽松的学术氛围；全面实行聘任制度和岗位管理制度，确立科学的考核评价和激励机制；探索建立高等学校理事会或董事会，健全社会支持和监督学校发展的长效机制；探索高等学校与行业、企业密切合作的模式。

（五）树立良好的依法办事意识

1. 高校领导干部要率先树立法治理念

高校领导干部只有树立法治理念，才能维护学校依法治校的权威和信念。依法治校的生命力和权威在于实施，要让依法办事成为领导干部主动自觉的惯性思维，成为领导干部在处理重大问题时的一个价值选择，使其自觉依法办事，从而提升依法办事的领导能力。

2. 加强法治管理的评价体系建设

高校应将依法办事成效引入领导干部绩效考核和选拔任用的标准中，作为领导干部工作实绩的重要内容，只有这样，才能让依法办事意识成为领导干部主动自觉的惯性思维；把能不能遵守法律、依法办事作为考察干部的重要内容，相同条件下，优先提拔使用法治素养高、依法办事能力强的干部。

3. 严格落实违法问责追究制度

对未依法办事、踩红线行为，实行零容忍。加大问责力度，使领导干部普遍增强遵法、信法、守法、用法的自觉性。

二、维护学生和教师的合法权益

维护学生和教师的合法权益是大学内部管理机制不可或缺的部分。2017年教育部遵循育人为本、德育为先的原则，出台了新的《普通高等学校学生管理规定》，为维护学生合法权益提出了新的要求。各个高校都应在新的要求下，及时修订学校有关大学生管理的规章制度，取消与国家现行基本法律和有关规定不一致的特殊条例，做到学校与国家要求相统一。构建以非诉讼途径特别是校内纠纷解决机制为主、诉讼解决途径为辅的多元纠纷解决机制，对于全面推进依法治教、依法治校具有重要意义。对师生与学校发生的法律争议，高校应积极应诉，认真落实法律文书要求学校履行的义务。现实中存在被诉学校不积极应诉、不重视或不认真对待应诉的情况，一些被诉学校收到法院应诉通知后不及时准备，不按时提交答辩状；一些学校对师生的处理决定疏于调查取证，消极应付。这些不合法、不合理状况的存在与依法治国、依法治校的精神和要求背道而驰，造成对师生权益的损害，影响到高校依法管理、科学管理和民主办学，也影响到法律的尊严和权威。

（一）权利救济的法理依据与现实基础

1. 师生权利救济的法理依据

师生权利救济机制是高校法治机制创新的重要内容，也是保障师生主体地位，构建自由、平等、公正、平安、优美校园环境的客观要求。在学校治理关系中，涉及的全部治理活动都与相对人的权利权益有关联，它在治理过程中的违法、违规或不当的行为必将给相对人的合法权益带来一定损失或损害。特别是教师和学生，他们虽然依教育法律、法规享有特定的权利，但他们权利的运用有时也不能直接制止某种侵害行为的发生。在这种情况下，就非常需要通过法律救济或纠纷化解来平衡教育法律实施中教育行政部门、学校与相对一方因明显法律地位不对等带来的反差。教育法律救济机制最根本的作用在于保护教师、学生及学校的合法权益，保证依法治校和依法维权。

我国很早就认识到了救济制度的重要性。早在1957年10月26日发布的《国务院关于国家行政机关工作人员的奖惩暂行规定》第12条就规定："国家行政机关工作人员对所受纪律处分不服的时候，应该在接到通知后一个月内，向处理机关要求复议，并且有权直接向上级机关申诉。国家行政机关对于受处分人的申诉，应该认真处理。对于受处分人给上级机关的申诉书，必须迅速转递，不得扣押。但是在复议或申诉期间，不停止处分的执行。"这一规定虽然只明确了"申诉"这种行政机关内部救济的渠道，且只是行政处分行为，却为国家工作人员包括学校教职员工提供了一条行政救济的渠道。

相关教育法律法规明确规定了教师、受教育者享有申诉、复议、诉讼等权利，初步建立了我国教育行政救济和矛盾纠纷化解制度的基本框架。如《教师法》第39条规定："教师对学校或者其他教育机构侵犯其合法权益的，或者对学校或者其他教育机构做出的处理不服的，可以向教育行政部门提出申诉，教育行政部门应当在接到申诉的30日内，做出处理。教师认为当地人民政府有关行政部门侵犯其根据本法规定享有的权利的，可以向同级人民政府或者上一级人民政府有关部门提出申诉，同级人民政府或者上一级人民政府有关部门应当做出处理。"这一规定为教师通过申诉获得救济提供了基本的法律依据。

《普通高等学校学生管理规定》第60条明确规定："学生对学校的处理或处分决定有异议的，可以在接到学校处理或处分决定书之日起10日内，向学校学生申诉处理委员会提出书面申诉。"第62条明确规定："学生对复查决定有异议的，在接到学校复查决定书之日起15日内，可以向学校所在地省级教育行政部门提出书面申诉。省级教育行政部门应当在接到学生书面申诉之日起30个工作日内，对申诉人的问题给予处理并做出决定。"教育部于2012年11月22日印发的《全面推进依法治校实施纲要》第6条明确规定"健全学校权利救济和纠纷解决机制，有效化解矛盾纠纷"，对如何完善教师学生权利救济制度和依法健全校内纠纷解决机制，提出了具体要求和实施意见。2014年10月23日党的十八届四中全会通过的《中共中央关于全面推进依法治国若干重大问题的决定》强调："完善法律援助制度，扩大援助范围，健全司法救助体系，保证人民群众在遇到法律问题或者权利受到侵害时获得及时有效的法律帮助。健全依法维权和化解纠纷机制。强化法律在维护群众权益、化解社会矛盾中的权威地位，引导和支持人们理性表达诉求、依法维护权益，解决好群众最关心最直接最现实的利益问题。健全社会矛盾纠纷预防化解机制，完善调解、仲裁、行政裁决、行政复议、诉讼等有机衔接、相互协调的多元化纠纷解决机制。"2016年3月19日公布的《十三五规划纲要》要求"完善法律援助制度，健全司法救助体系"。这些都为教师学生权利救济和纠纷解决提供了法律法规依据。以上法律法规充分表明，高校教育行政救济和纠纷解决制度在我国正逐步建立和形成，师生合法权利切实得到保障的条件已经基本具备。

2. 高校教育行政救济的主要特点

由于民主政治和法治的不断发展和完善，法律救济制度应运而生。法律救济存在的基础和依据是由宪法确立的民主制度和法治原则提供的。宪法的规定使一切可以影响到他人的权利、权力或权益的行为都处在法律的控制和制约之下。对于高校中的任何违法、违规、侵权、损害行为，都应受到法律法规的矫正和追究，对于合法权益受到损害的人，都应获得法律法规上的救济。

高校行政救济是指高校教育管理活动的相对当事人，因高校行政管理部门或其他管理部门的违法或不当行为，合法权益受到侵害时，请求高校有关部门予以补救的法律制度。高校行政救济是针对行政主体行使行政权力所产生的消极后果进行的一种法律补救，它是高校教育行政相对人在受到高校教育行政主体的不法侵害时所享有的全部救济途径和救济手段。由我国教育法律所确定和规范的高等学校行政救济，就构成了我国高等学校教育行政救济法律制度。高校教育行政救济的内容决定了高校教育行政救济具有如下三个特点。一是高校教育行政救济具有因行政相对人提起的补救性。依据我国教育法律法规的有关规定，高校教育行政救济一般必须由教育行政相对人提起，由有行政救济权的高校或高校管理部门依法对高校教育行政主体的具体行政行为进行审查，才能实行对高校教育行政相对人的补救。高校教育行政救济主管部门的审查和补救行为是在相对人提起补救申请之后发生的。二是高校教育行政救济具有争讼性。高校教育行政救济是高校或高校管理部门依法处理和裁决教育行政争议的过程。高校教育行政争议是高校教育行政相对人认为高校行政主体的具体行政行为违法或不当而侵害其合法权益，因而不服行政行为所形成的法律争议。究竟其行政行为是否违法违规或不当，仅是教育行政相对人一方的主观认定，因而表现为法律纠纷。高校或高校管理部门处理与裁决教育行政争议，成为高校教育行政救济制度的核心内容。因此，高校教育行政救济的整个过程体现了行政争讼的解决过程。三是高校教育行政救济具有程序性。由于高校教育行政救济所要撤销或变更的行为是曾经具有法律公定力的行为，因此法律法规往往对行政救济都规定了严格的程序。

3. 高校教育行政救济的现实基础

根据我国现行的教育法律法规的规定，我国高校教育行政救济的途径主要有申诉、行政复议、行政诉讼。申诉制度，通常是指师生在其合法权益受到损害时，向学校或学校管理部门申诉理由，请求处理或重新处理的制度。申诉制度作为解决行政争议的制度，并没有严格的法律程序。但教育申诉是我国高校当前的一条解决教育行政争议、提供教育行政救济的行之有效的途径。我国的《教育法》《教师法》《高等教育法》都规定了教师申诉制度和受教育者申诉制度。行政复议是指师生、法人或者其他组织认为具体行政行为侵害其合法权益，向学校或学校行政管理部门提出行政复议申请，学校或学校行政管理部门受理行政复议申请，做出行政复议决定的活动。同样，当学校或学校行政管理部门相对人认为上级教育行政机关做出的具体行政行为侵害其合法权益时，也可依法依规提出行政复议以寻求行政救济。行政诉讼是指高校行政相对人认为行政主体的具体行政行为侵犯其合法权益，向司法机关提起诉讼，人民法院依法对其具体行政行为的合法性进行审查并做出裁决的一种制度。法院可以依法采取多种经济手段来补救行政相对人。高校教育行政诉讼也是教育行政救济的最终途径。近年来，我国高校在推进依法治校实践中通过行政诉讼形式来寻求救济的情形也在逐步增加，说明师生的权利意识也在逐步增强。

4. 高校学生申诉制度

我国依法治国理念正在全面推进过程中，依法治校也是其重要体现，其发展推进是必然趋势。法治化成为教育行政部门和高校对于学生事务管理的价值诉求。然而依法治校面临诸多困境，学生申诉制度成为其突出问题之一，保障学生申诉权利成为不可忽视的重要内容。

自 2017 年 9 月 1 日起施行的《普通高等学校学生管理规定》，是实现高校学生管理法治化的制度基础。该规定将学生申诉单独成章，以专章的形式确认和阐述了高校学生的申诉权，使得学生申诉更具可操作性、更具科学性，这也是对高校学生申诉权保障的特色所在、亮点之处。该规定对学生申诉的受理机构、内容范围、基本程序进行了清晰的阐释，为防控学校权力越轨、保护学生合法权益、推进教育管理法治化提供了十分有力的制度保障。

（1）学生申诉权的含义

学生申诉权是指作为当事人的学生或利害关系人对学校给予的处分不服向相关部门申诉，对学校教师侵犯其人身权、财产权等合法权益的行为，提出申诉或依法提起诉讼的行为。高等学校学生应当享有这项权利，具体包括如下方面。

①高等学校做出因受教育者违反校规、校纪而拒绝颁发学历证书、学位证书决定，受教育者不服的，可以依法提起行政诉讼。

②高等学校依据违背国家法律、行政法规或规章的校规、校纪，对受教育者做出退学处理等决定的，人民法院不予支持。

③高等学校对违反校规、校纪的受教育者做出影响其基本权利的决定时，应当允许其申辩并在决定做出后及时送达，否则视为违反法定程序。

（2）学生申诉权的重要性

公民的申诉权是一种第二性的权利，目的在于保证公民第一性的权利受到侵害时提供一种救济。

我国宪法保障基本人权，从本质上来看，学生申诉权是一种公民的行政申诉权，属于基本人权范畴。

学生申诉权的保障不仅体现了学校对于学生受教育权的保障，也直接保障了学生的救济权利，更重要的是体现了奖励和处分的本质目的在于教育，是依法治校的要求，是建设法治社会的要求，是教育发展的需要，是培养学生"公民权利意识"的要求。这是公民的申诉权和诉讼权在学生身上的具体体现，明确赋予学生及家长申诉权是一种更现代、更文明的教育理念体现。

（3）学生申诉制度的现状

目前，我国尚未形成以专门的法规或行政规章来规范学生的申诉权的模式，但我国已在法律上确立了学生申诉制度。不可否认的是，校内申诉机制虽可以使学校与学生之间形成博弈，进而实现"双赢"的功效，但其自身也存在着许多缺陷，存在着一些有待完善之处。主要表现在以下几个方面：

①学生申诉处理委员会的性质、地位以及权力

放眼望去，现在大部分高校都把学生申诉处理委员会挂靠在其他的职能部门，因此它和高校的其他职能部门之间有着密切的联系。《普通高等学校学生管理规定》第61条规定，学生申诉处理委员会经复查，认为做出处理或者处分的事实、依据、程序等存在不当，可以做出建议撤销或变更的复查意见，要求相关职能部门予以研究，重新提交校长办公会或者专门会议做出决定。也即，若学生申诉处理委员会维持决定，那么学校的处分直接发生效力；而如果学生申诉处理委员会认为学校的处理或处分不当，只可以提出复查意见，由校长办公室或专门会议做出最终决定。所以导致了学生申诉委员会的复查意见实质上并不具有最终的效力，其实际权力被校长办公室和专门会议架空，而校长办公室或专门会议商讨后往往会做出维持的复议决定，这也不利于保障高校学生的申诉权。笔者认为，既然学生申诉处理委员会作为受理申诉的机构，那么应当赋予学生申诉处理委员会更大权力，即学生申诉处理委员会可以做出变更或者撤销的决定；如果学生不服，那么可以提交校长办公会或专门会议做出终局决定，如果学生在规定时间内没有提出异议，那么学生申诉处理委员会的撤销或者变更决定即为终局决定，发生最终效力。

②学生对于申诉的途径、制度和方式了解较少

许多学生在被学校做出处理或者处分的决定后，不知道怎样去申诉、去哪里申诉，也不知道申诉的具体程序，有些高校学生更不知道有学生申诉处理委员会的存在。学校也不重视此项权利的告知和宣传，以至于学生的申诉意识低。许多学生和高校之间的纠纷原本可以不诉诸法庭，通过学校的内部申诉途径来解决，但因为许多学生不知道申诉的具体程序，高校也不及时告知学生申诉的权利，导致学生诉高校的案件逐渐增多。

③有关回避、听证等程序性规定尚不够完善

在行政领域中，裁决争端的最基本的原则及最低公正标准是正当程序原则，行政机关做出行政行为前，均应当遵循此原则，包括事先告知相对人，听取其的陈述、申辩等。高等院校作为法律、法规授权的组织，行使学位撤销权时，也应当遵守此原则，听取学生的陈述和申辩等，保障学生合法权益。若做出对行政相对人不利的决定，那么就违背了正当程序这一原则，便应予以撤销。

听证程序的缺乏实质上剥夺了学生表达意见、提供证据的权利，高校在没有经过听证的情况下即做出对学生权益影响较大的决定有过于草率之嫌，收集的证据也不够客观和全面，这使得处理和处分结果少了些公正性和公信力。

④学生申诉处理委员会的人员组成缺乏科学性

学生申诉处理委员会是处理学生申诉的重要机构，在人员组成上应具有一定的合理性和科学性。学生申诉处理委员会处理的是学生自身的申诉问题，相比于学校负责人、教师来说，学生和学生之间的共鸣感更强，对关乎学生自身的问题更加感同身受，也更加明白学生的想法和处境。但在实践中，我们发现学生代表数量很少而且选取方式并不十分不合理。大多数高校选取二至三名学生代表，但代表一般是从学生会成员、研究生会成员中产生，致使双方地位严重不平等，也会导致学生申诉处理委员会的组成人员很少主动站在被处分学生的立场上综合考虑问题。此外，由于申诉问题较多涉及法律，因此由行政人员组成的学生申诉委员会处理此类问题难免多了一丝行政色彩，缺乏专业性。因此，尽可能多地吸收从事法律的工作人员进入学生申诉处理委员会，有利于保障学生申诉案件的程序公正和实体公正。

5. 高校校内教师申诉制度

完善的制度和程序是规范工作的保证，是形成有效工作机制的前提和基础。高校校内教师申诉制度的实体内容是该项制度的重要组成部分，一般包含申诉主体与申诉事项范围两方面。

（1）明确申诉主体

教师申诉的主体包含申诉人、被申诉人以及受理申诉的机构。申诉人即提出申诉的人。高校校内教师申诉制度的申诉人一般指"高校教师"，即在高等学校从事教育教学工作的专任教师。被申诉人（或称被申诉单位），即申诉人的相对方。在高校内部，侵犯教师权益的行为或不合理决定一般由学校或学校内部的单位（部门、组织）做出。所以，一般情况下，被申诉人为高校内部有关部门、学院或者学术、管理组织机构，如高校的人事部门、教务部门、教师职务聘任委员会、教学委员会、学术委员会等，这样可以明确责任主体，有利于这项制度的顺利运行。申诉受理机构指在高校校内教师申诉制度体系中设立的教师申诉的专门受理机构，即教师申诉委员会（也可称为教师申诉处理委员会）。教师申诉委员会是受理教师关于教育教学权益申诉的专门机构，依据国家有关法律法规及学校各项规章制度，受理教师申诉，维护教师权益，对学校最高行政决策机构（一般为校务会议）负责，以体现其专门性、独立性。教师申诉委员会主要通过工作会议审议的方式来处理教师申诉事项。校内教师申诉委员会的委员应由教师代表、法律专家、工会组织负责人、相关部门负责人等组成，教师申诉委员会主任一般应由学校工会组织负责人担任，以充分体现该项制度旨在维护和保障教师权益的属性。教师申诉委员会人员的构成中，教师代表应占一定比例。

（2）明确申诉事项范围

教师的合法权益既包括教师作为一个公民的各项基本权利，也包括教师这一特定职业群体所特有的权利。教师申诉制度中所指的合法权益究竟包括哪些方面？从高校校内教师申诉制度的现实有效性来看，若教师申诉事项范围规定得过于宽泛，则会导致校内申诉制度无法顺利实施，从而达不到有效保障教师合法权益的目的。《教师法》规定了教师享有的六项权利，这为高校校内教师申诉制度明确申诉事项范围提供了较为充足的依据。因此，在构建高校校内教师申诉制度时，申诉事项范围应以《教师法》规定的教师合法权益为依据，可概括为教师"教育教学方面的合法权益"。具体包括：教师从事教学、科研活动的权利；教师依法获取报酬待遇的权利；教师依法获得奖励的权利；教师参与民主管理的权利；教师进修培训的权利；教师教育教学的其他合法权益等。除了以上诸项合法权益受到侵犯时教师可以提出申诉外，教师还可以对学校的职称评审、职务（岗位）聘任、评优评奖的结果、年度或聘期考核结果、行政处分、教学事故处理意见等处理决定不服提出申诉。在教育实践中，教师申诉的事项也主要集中在职称评审、岗位聘用、教学事故处理等方面。

6. 完善高校救济机制的重要意义

高校或高校行政管理部门针对不同性质的权益侵害，在坚持尊重与维护主体权利的共同宗旨下，依法依规采取不同的救济原则、方法、途径，这就需要明确救济机制对于全面推进依法治校、切实保障师生权益的重要意义。

高校校内教师申诉制度的重要作用：一是有利于高校的依法治校和民主管理。高等学校是法律法规授权的组织，高校作为行政主体，其管理具有强制性。教师作为被管理的相对方，需要服从命令，二者的地位存在着不对等性。由于高校在管理中的有利地位，实践中，高校的权力容易泛化，致使教师的合法权益遭到侵害。建立高校教师申诉制度，使学校内部形成一种监督和纠错机制，有利于制约学校权力的不法行使或不当行使，保证教师与学校在权益上的平等关系，使学校在对教师实施管理时更加客观公正、严肃认真，减少其管理的随意性。二是有利于保障高校教师的合法权利，激发教师的工作热情。高校建立教师申诉制度，贯彻了"以人为本"理念，确立了高校教师的主体地位，使教师在制定规章制度、实施管理等方面具有了更多的发言权和参与权，这将有利于其权利的保障。教师申诉制度保障了高校教师的合法权利，使其现实需要得到了充分的尊重或满足，这必将增加教师对高校的认同感，极大地激发他们的工作热情。三是有利于高校行使办学自主权，保障高校和谐稳定发展。当前，由于高校不断深化内部管理体制改革，高校与教职工之间在管理与被管理过程中出现许多新情况、新问题，部分个例由于校内未存设解决途径而进入司法程序。高校作为主要从事教学、科研活动的组织，需要有一个较为宽松的学术环境，过多的司法干涉将会严重破坏高校的办学自主权。而且，教师与高校之间的纠纷多数情况并不真正涉及法律问题，而是因为他们找不到一个恰当的途径而被迫转向司法程序。建立高校教师申诉制度，为高校教师在高校内部设立权利救济途径，可以适度降低教师将高校诉至法院的可能性，这有利于高校办学自主权的行使及其管理秩序的稳定；同时可以有效解决教师与学校之间在管理过程中出现的各类问题，促使学校管理制度更加健全、管理程序更为规范，保障学校和谐稳定发展。

救济权的合理配置是保障主体权利的基础。要做到有权利必有救济，没有救济则无权利。高校依法依规合理配置救济权，首先要坚持以师生为本的理念和执法的服务性、责任性和程序性；其次要构建对维护师生利益具有重要作用的制度体系，建立健全师生矛盾预警机制、利益表达机制、协商沟通机制，保障师生合理合法诉求依照法律法规及校规校纪和程序就能得到合理、合法、合规的解决。

救济权的及时启动是保障主体权利的前提。救济权的即时启动，不仅是对主体受损的合法权益的补救，还是对主体受伤害的心灵的安抚。救济权是高校法治水平和师生权利保障水平的测量器。随着全面推进依法治校进程的加快，关于救济权的及时启动问题还有待进一步解决，但保障师生的申诉权、陈述权、辩护权，让主体参与人能说话、敢说话、说真话、说实话的救济通道是越来越畅通的，和谐与良好的校园法治氛围正在逐步形成。

救济权的有效补充是权利保障的关键。高校校园的立规、执规、守规之所以未偏离合法轨道，离不开救济机制。救济机制不仅是权利的有效补充，而且也是对违法性、违规性行为的确认，责任追究机制也必然会附随其后。对合法合规救济权的有效补充是师生权利保障的关键。高校或高校管理部门要及时兑现，防止救济权利虚置。

实践证明，有效的救济往往能够有效地定纷止争、化解危机、解决纠纷和矛盾，防范侵害后果的扩大，从而优化高校治理环境，维持校园秩序。

（二）高等学校法律救济存在的主要问题

高校法律救济问题作为师生权利保障研究的内容，一直以来都受到教育学、教育法学和行政法学研究的关注，且随着依法治校进程的加快而成为高校和社会的热点问题。早在2003年《教育部关于加强依法治校工作的若干意见》下发后，各高校就开展了依法治校的实践，着力进行了建章立制、规范管理和创建示范学校的工作。高校师生的权利保障与权利救济也相应提到日程上来，而高校师生权利侵害往往是高校管理理念、方式不正确、不合法、不妥当所致。高校管理因具有教育行政行为典型的公定力、确定力、拘束力与执行力等效力，必然会损害到师生群体或个体的基本权利；在无法保证依法依规、执法执规的前提下，师生权利或权益就会遭受到侵害。因此，对于师生基本权利的有效救济就应成为高校管理中不应忽视的问题。目前，高校师生权益的法律救济机制存在以下问题。

1. 救济制度有些滞后

救济制度滞后，操作性不强，导致权利诉求难以到位。例如，我国《教师法》《教育法》《高等教育法》规定的申诉机制存在制度缺陷，对于教师申诉的管辖问题，《教育法》《教师法》只是做出原则的规定，关于受教育者申诉的法律依据仅限于教育法关于"学生权利"的规定，对于学生申诉的管辖问题没有明确具体的规定，申请管辖、时限、受理机构等方面存在立法模糊，导致实践中的申诉制度很难实施。又如，师生权益受到校方侵害时，存在侵权责任主体不明、法律关系性质不清、行政主管部门或司法机关出现管辖真空的问题。师生申诉制度是维护师生合法权益的保障，但由于申诉程序缺少具体规定等问题，行政管理部门在处理师生申诉案件时有较大的随意性，申诉案件久拖不决或不能公正解决的现象时有出现。我国《教师法》仅仅规定了申诉的救济途径，而没有规定提起行政复议和行政诉讼的途径。在聘任制实施过程中，教师针对教育行政部门的侵权行为是否可以选择行政复议或者行政诉讼等途径来维护其权利，缺乏直接的法律法规依据。

2. 师生的受教育权不够明晰

高校师生的受教育权的法律规范界定不明，救济权流于形式。现行的《教育法》《教师法》《高等教育法》中关于教师与学生权利的规定过于笼统和宽泛。如《高等教育法》第37条规定："高等学校根据实际需要和精简、效能的原则，自主确定教学、科学研究、行政职能部门等内部组织机构的设置和人员配备。"这样对高校内部管理权的规定，由于没有具体规定其权限和运行的程序性要求，在实践中就非常含糊，很容易发生被管理者被侵害时无法可依的情况。所以，只有先明确主体的权利，才能做到相应的救济，否则只会无的放矢。近些年来，教师因职称评聘，学生因学籍、安全等问题与学校发生冲突时，由于缺乏相应的法律救济，侵犯师生基本公民权利的事件屡有发生。

3. 救济渠道不够通畅

目前，我国用来解决学校与师生间法律纠纷的非诉讼救济渠道有师生申诉和行政复议两种，这两种救济方式还存在功能不够健全、不到位的问题。和解、调解、仲裁等适用于平等主体之间法律纠纷的权利救济渠道缺失，致使原本可以通过和解、调解、仲裁等方式解决的纠纷只能通过申诉来进行。这在客观上加大了教育行政部门受理师生申诉的压力。针对救济程序不完善、不规范的问题，虽然国家教委关于《教师法》若干问题的实施意见对教师申诉案件的管辖、受理条件、处理程序、法律救济措施等方面做出了简要的规定，但教师申诉制度依然存在程序规范上的缺失。如教师对处理决定不服申请复核所适用的程序，申诉部门在处理教师申诉时应当适用的说明理由制度、回避制度、听证制度等程序制度的相应规范等，都存在严重缺陷。总体来看，对师生义务规定多，权利规定少；纲领性的规定多，具体可操作性少；程序性规范少，具体操作难；可塑性弱，配套立法滞后，下层位规范与上层位规范抵触现象比较严重。

（三）构建有效的权利救济和纠纷解决机制

党的十八届四中全会通过的《中共中央关于全面推进依法治国若干重大问题

的决定》强调要构建对维护群众利益有重大作用的制度体系，建立健全社会矛盾预警机制、利益表达机制、协商沟通机制、救济救助机制，畅通群众利益协调、权益保护法律渠道。教育部颁发的《依法治教实施纲要》要求完善教师学生权利救济制度，依法健全校内纠纷解决机制。权利救济和矛盾化解制度是依法治校机制创新的重要内容，也是保障师生主体地位，构建自由、平等、公正、法治、平安校园环境的客观要求。无救济则无权利。为维护教育教学秩序和校园环境，学校有权依法依规教育、培训、管理师生，同时学校也有义务保护师生的合法权利，并为保护师生合法权利提供必要的保障和途径，否则师生的合法权利就会受到侵害。在学校与师生的法律关系中，师生在一定程度上处于弱势地位，其原因主要是他们的一些权益得不到有效的救济和保障。对此，目前高校师生的权利救济和纠纷解决机制应从以下几方面加以完善。

1. 完善师生申诉处理机制

高校积极应诉是对师生权利和法律的尊重，体现了法律面前人人平等的法治思想。无论是教育行政申诉、行政诉讼还是民事诉讼，学校与师生在诉讼中的地位都是完全平等的，各方都要按照法律规定的权利和义务接受裁判并切实履行，这正是法治文明的体现。

（1）完善聘任制

高校要设立或完善教师申诉或者调解委员会，委员会成员应具有广泛的代表性和权威性，经民主协商后提请教职工代表大会认可。教师因职责权利、职务评聘、教学科研、考核评价、相关待遇及奖惩等事项与学校及有关职能部门之间发生纠纷，或者对学校决定、治理制度、规范性文件提出的意见，都应及时得到调处。目前，要尽快完善以教师聘任制为核心的，保障教师权利的法规、章程。法律制度建设不完善是影响教师聘任制顺利实施的一个核心因素。为了确保真正意义上的教师聘任制的健康运行，有效维护聘任制下教师的合法权益，必须对包括聘任合同、聘任程序、聘后管理、辞聘解聘、聘用监督、聘任纠纷等在内的诸多问题做出统一明确、具体细致的法律规定。为此，国家应尽快出台规范聘任制施行的相关具体法律法规，教育行政部门应当在相关规范的指导下制定实施教师聘任制的具体细则和配套的规章文件，以引导和规范学校的聘任行为，切实维护聘任制下教师的合法权益。这要求国务院及教育部要在近年来各高等学校试行聘任制的基础上，总结经验，制定统一的行政法规和部门规章。

（2）完善解聘制

建立规范的解聘制度并使之法定化和科学化，构建教师身份的保障机制，是聘任制下教师合法权益维护的重要方面。在规范化的解聘制度中，实体与程序的内容都是不可或缺的。因为解聘教师的实体性规范必须明确教师被解聘的具体原因。"解聘的法律理由是强制性的、排他的。错误解聘将构成违约。"为此，我国相关的教育立法应当从实体上明确教师被解聘的原因，如师德不合格、违反国家政策法律、严重违反学校工作纪律、弄虚作假、剽窃他人成果、造成重大教学事故或给学校造成重大损失等。

解聘教师除了必须符合相关的实体性规范外，还必须经过正当的解聘程序，这一点尤为重要。借鉴美国高等学校有关聘任教师解聘的合理做法，对于教师解聘制度应从如下几个方面来完善。一是预警制度，即学校在监督、考核教师的过程中，发现教师存在可能导致被解聘的行为时，应给予口头或书面警告，责令其在合理的期限内予以改进。二是告知与说明理由制度，即学校在做出解聘决定前，应当把决定的内容通过书面形式告知利害关系人，并说明做出该决定所基于的事实根据和法律依据。三是听证制度，即学校在做出正式解聘教师的决定之前，如果被解聘教师提出听证请求，学校应当举行听证会，为教师提供表达意见和自我辩护的正式机会，确保被解聘教师陈述权和申辩权的行使，学校解聘决定的最终形成应充分考虑听证过程中的相关意见。从实体和程序两个方面规范学校行使解聘权，建立法定化、科学化的解聘制度，目的在于最大限度地保证学校教师行为的合法性和正当性，构建教师身份的保障机制，尽可能地避免教师的合法身份及正当权益遭受侵犯。

（3）完善学生申诉制

①学生申诉处理委员会应该更加独立、专业和公正

我国高校的学生申诉处理委员会通常情况下挂靠于其他的职能部门。有的高校将学生申诉处理委员会挂靠在高校内的学生事务主管部门；有的高校则将学生申诉处理委员会挂靠在校长办公室。各高校应该明确学生申诉处理委员会的法律定性，将其设置为一个独立的部门，专门受理学生的申诉事宜，以保证学生申诉处理委员会的中立和公正。此外，应避免各高校的申诉处理委员会的组成人员与学生违纪处理委员会成员出现重复，将两者相分离，落实回避制度。学生申诉处理委员会还应吸收更多学生代表和有关法律专家或者法律工作者，以增强处理结果的公信力和说服力。

②解决受理申诉过程中的有关程序问题

高校应当合理引入听证程序，在做出的具体处理或处分决定等影响学生重大利益的时候应尽量保证当事人的听证权利。学校在做出影响学生合法权益的决定

前，应告知决定理由和听证权利，学生应有表达意见、提供证据的权利。而为兼顾效率与公平，学生申诉管理委员会可借鉴《中华人民共和国行政处罚法》有关听证制度的相关规定，仅对涉及学生重大权益的处理和处分设置听证，以免造成高校教育行政管理资源的浪费。"自己不做自己的法官"要求在学生申诉的过程中，应当对学生申诉处理委员会的人员构成进行限制性规定，除涉及申诉案件的直接当事人外，与申诉人有利害关系的其他人员也应回避。因此各高校还应着力完善学生申诉中的回避制度，保障申诉处理结果的公平正义。

③充分保障学生的申诉权，进行广泛的宣传和教育

大部分高校的学生申诉委员会内设的秘书处大多设在校长办公室，主要负责学生申诉制度的建设、受理学生申诉案件。秘书处受理学生的申诉案件不仅要进行形式审查，还要进行实质审查。有些高校的工作人员将信访案件与大学生内部申诉案件混淆，常把学生申诉案件当作内部信访案件来处理。这导致了申请人很难启动申诉程序，是否启动申诉的决定权完全在学生申诉委员会的秘书处手中，真正启动申诉程序的案件少之又少，这大大缩小了可以进行申诉的案件范围，实际上有剥夺学生申诉权之嫌。除了学校未充分保障学生申诉权外，学生自身的申诉意识不强也是一个重要的方面，许多学生并不知道学生申诉委员会的存在，在权益受到侵害的时候往往求助于信访或者诉诸法律途径，这也使学生自身的权益不能得到充分及时的保障。为此学校要加强宣传和教育，引导学生在对学校的处理或处分决定不服时采取内部申诉途径，加强权利意识，及时维护自己的权益。

④完善有关期限的规定

一是可将《普通高等学校学生管理规定》中第60条、61条中的10日、15日改成10个工作日、15个工作日，使学生能有足够的时间进行申诉。另外在《规定》中的第62条既有日又有工作日的规定，建议也可以全部将"日"改成"工作日"。这样可以使期限的规定更加规范和统一，避免相关人出现期限混淆的情况。二是可以增加申诉材料的补正期限。实践中存在学校自行设置申诉材料的格式、内容和种类，并以此为由拒绝受理，增加申诉材料补正期限无疑可以最大限度地保证学生的申诉权益。

2. 明晰司法审查的正当性

高等学校性质及法律定位的不确定，直接导致有关高校自治与司法审查两者之间关系的辩论从未停止过。所以，要将司法审查的法理依据阐述清楚，将高校权力的司法监督问题探讨明白，需要先从高校性质的剖析入手，弄清楚高校权力的性质、构成及其相互关系。《教育法》明确规定了我国高校的权力，包括招生权、

学籍管理权、奖励权、处分权、颁发相应的毕业证和学位证书权等。这些权力具有明显的单方面意志性和强制性，符合公共权力的特征。由此我们认为高校权力属于公共权力的范畴，同时高校是行使国家行政权和公共管理权力的法律法规授权组织，具备行政主体资格。大学自治也就等同于大学的内部管理，实质上体现一种行政权力的运作过程。

为了减少权力的负面效应，司法审查介入高等学校自治，这意味着高校的内部管理权力必须受到法律的制约，使高校管理者更加审慎地行使手中的权力，减少人治的任意性，增添法治的科学性。

我国沿袭大陆法系传统，高校性质多为公立性，国家授予其一定的行政权力对学生、教师进行管理，学生、教师承担认可和服从学校管理的义务，双方的主体地位是不平等的。这已被海淀区人民法院在"田永诉北京科技大学拒绝颁发毕业证学位证行政诉讼案"中的判词所证明。也就是说，在我国目前情况下，某些事业单位、社会团体虽然不具有行政机关的资格，但是法律赋予它行使一定的行政管理职权。这些单位、团体与管理相对人之间不是平等的民事法律关系，而是特殊的行政管理关系。他们之间因管理行为而发生的争议，不是民事诉讼而是行政诉讼。尽管《中华人民共和国行政诉讼法》第 25 条所指的被告是行政机关，但是为了维护管理相对人的合法权益，监督事业单位、社会团体依法行使国家所赋予的行政管理职权，被列为行政诉讼的被告，用行政诉讼来解决其与管理相对人之间的行政争议，有利于化解社会矛盾，维护社会稳定。《最高人民法院关于执行中华人民共和国行政诉讼法若干问题的解释》第 12 条规定：与具体行政行为有法律上利害关系的公民、法人或者其他组织者对该行为不服的，可以依法提起行政诉讼。

司法对高等学校自治的审查作为中国法治建设的一部分，正有力地推动高等学校内部管理秩序的完善。实际上，正是由于高等学校内部管理秩序存在问题，才引发了管理相对人维护自身权利的诉讼，导致了对高等学校自治领域实行司法审查的现实需要。

（1）司法审查的现实需要

司法审查的现实需要首先是由于高等学校规章存在瑕疵。《教育法》明确规定，学校及其他教育机构"依照章程自主管理""依法接受监督"。高等学校规章对高等学校内部的机构活动具有明确的规范性，是高等学校自主管理、自律及接受监督的基本依据，也是我国教育法制体系的延伸和组成部分。自主的管理权的行使必须遵循法治原则。但由于高等学校片面追求管理效率，缺乏民主参与渠道，其瑕疵是有目共睹的，主要表现在三个方面：一是不适当地扩大规章的适用范围，不适当地增加学校规章的调整手段，不适当地限制或剥夺教职工和学生的正当合法权益。二是规范之间相互抵触，下阶位规范与上阶位规范不相一致。三是规章的形式不严谨，即管理规章不是以规范性法律文件的形式出台，而是以"通知""意见"等形式来命名的。

高等学校内部管理失范是司法审查介入高等学校自治的另一个重要原因，司法审查可以促进高等学校内部管理的有序化。前述"田永案"中学校败诉的原因之一，就是学校对田永的退学处理决定实际并未执行。田永被学校认定考试作弊并依据学校规定按退学处理后，除了学校编印和签发的"期末考试工作简报""学生学籍变动通知单"外，并未办理退学手续。在此后的两年中，田永仍以一名正常学生的身份继续参加学校安排的各种活动。因此，面对司法审查，学校的败诉就在情理之中。

高等学校在对管理相对人做出处罚或不利决定时，缺乏符合法治精神的正当程序是司法审查介入的又一重要原因。正当程序的普遍形态是，按照某种标准的条件陈述争论点，公平地听取各方意见，在当事人可以理解或认可的情况下做出决定。在高等学校自治中，诸如管理相对人的举报、申诉、辩解程序，学校管理部门的调查程序，专门委员会听证与处罚建议的程序，校长的裁决及做出行政决定的程序以及实施具体处罚的程序等均应遵循法治原则。如果没有正当程序，高等学校可以借自治之名随意选择实施管理行为的动机、方式、方法和步骤，可以通过滥设程序壁垒或拖延执法取消教师、学生的法定权益，也可通过选择缺乏正当性的用权方法加重教师、学生的义务。在这种情况下，高等学校可以轻而易举地摆脱法律的控制和约束，使管理规章蜕变为单方面管制教师、学生的工具。程序正当，一方面可增加大学管理的透明度，限制大学管理人员的不当行为，减少自治权侵犯个体合法权利的危险性；另一方面，又可保留一定的选择空间，以保证自治管理高等学校事务的活力。高等学校自主管理的合法性，不等于其具体管理行为的合法性。高等学校自主管理权要得到公正、合理的行驶，还必须有与之相应的正当程序做保障。"刘燕文告北大案"的一审判词有力地证明了上述论点："本案被告校学位委员会在做出不批准授予刘燕文博士学位前，未听取刘燕文的申辩意见；在做出决定之后，也未将决定向刘燕文实际送达，影响了刘燕文向有关部门提出申诉或提起诉讼权利的行使，该决定应予撤销。"

总之，有权力（利）的地方，就必须有救济。高校的自治管理，从一定意义上来讲，既是一种权利，又是一种权力，是权力就可能对公民的权利造成侵害，而宪法、法律赋予公民的权利是任何国家机关、社会组织和个人不能恣意侵犯的。现代社会里，高校也是众多社会组织中的一种，高校管理即使具有特殊性，也要遵守法治社会尊重人权的最基本要求。而在法治社会，公民权利的司法保障最具权威性，缺乏司法救济，公民权利就失去了意义，司法的介入是公民权利保障的逻辑结果，拒绝司法介入，实际上也就放弃了该领域对公民权利的保障，也就可能放任了高校对公民权利保障的草率行事。

（2）司法救济的限度

我们应当认识到，高校自治虽然不排除司法的介入，但高校毕竟是一种学术性社会组织，有其自身发展的特有内在逻辑，唯有遵循尊重和维护这条内在逻辑，高校才能繁荣兴旺，因而司法的介入是有限的。司法介入应当坚持以下两个原则。

①学术问题不审查原则

审判机关在介入高校自治管理时，不得就高校自治过程中所涉及的相关学术问题进行审查。"学术问题归高校，法律问题归法官"，司法机关没有权力也没有能力处理学术问题。因而，对于高校发生的涉及学术问题的纠纷，司法机关的审查主要是程序性审查而非实体审查，不能干预所涉及的学术问题。如司法机关可以就专家委员会的组成、专家如何投票等问题进行审查，但对于专家就论文所做的认定、学位标准的要求应当是回避的，学术是学者的自由领地，法院必须对此予以尊重。

②申诉程序前置原则

申诉从本质而言，是一种内部处理纠纷的方式，由于程序简单、操作方便、成本相对低廉，尤其是体现了"内部的纠纷内部处理"的世俗规则，因而被广泛应用于社会生活之中。在高校的自治中，也应当建立起申诉机制，以回应高校管理过程中发生的各种纠纷，只有在高校拒绝处理各种纠纷或处理不公平的情况下，才交由司法机关做最终裁决。申诉程序前置原则在一些国家和地区的司法实践中得到确认。

三、发挥互联网的积极作用

（一）信息化发展所带来的影响

1. 推动了数字化校园建设

简单而言，数字化等同于信息搜集、处理的计算机化。当下，高校都在追求的数字化校园，本质上是一个覆盖整个校园的管理系统，其媒介是校园网，重点是管理的信息化，支撑点是信息化服务。同时，通过校园内部的主干网络与各个建筑物自助终端的连接，可以真正实现学生管理、教学、教育研究工作的信息化发展，确保为师生提供随时随地的信息化服务。高校在实现学生管理信息化发展目标的过程中，将学校内的行政管理、学生服务等多个部门的数据库，借助智能化计算机系统进行连接，在做到学生各项管理数据共享的基础上，极大地提高了信息传播的速度，某种程度上也加快了高校的数字化校园建设进程。

2. 工作载体得到更新

在高校的学生管理工作中，思政教育对学生正确"三观"培养的作用非凡。传统的师生交谈、广播等管理工作载体，已经不再适用于信息化时代时间碎片化的要求。微信、QQ 等社交软件，也是信息技术发展到一定阶段的产物，在改变人们社交习惯的同时，也为思政教育工作提供了全新的载体。高校可以开设自己的微信公众号，定时向学生发布一些思政教育内容，确保学生可以根据自己的时间自行安排学习，并且较之单纯的理论灌输，可以借助信息技术传播相关的图片、视频等，感染力也会相应地有所提高。除此之外，在解决学生心理问题的过程中，高校也可以通过网络心理咨询室的建立，以匿名的方式与学生进行交流，在免除学生后顾之忧的同时，进一步提高学生管理工作的效率。

3. 信息孤岛形成越发容易

高校在落实学生管理工作的过程中，相关部门会从自身工作需求出发，应用不同的信息系统，且部门之间系统呈独立的状态，即便是高校力求将其整合为一个完整的学生管理系统，却因为过分强调理论层面相互衔接而忽视了虚拟网络和现实空间的有效连接。

（二）高校学生管理信息化工作中的问题

1. 管理理念未能得到科学转变

即便我国高等教育信息化在经历多年的发展后取得了相应的成效，整个社会对于教育信息化发展的价值也形成了全面的认知，但在高校的领导层中尚未出现能够完整把握教育信息化的人员，仍有部分高校领导人员将学生管理的信息化发展看成教育工作发展成果的一个点缀，不愿全面参与到学生信息化管理与决策的过程中。在这种影响下，对应系统的规划和组织协调就会出现不合理等诸多问题，继而带来高校内部学生信息化管理信息孤岛现象的出现，这对提高各类信息化资源的利用率而言有着显著负面影响。此外，部分直接负责学生管理工作的人员并未对学生管理信息化发展的重要性形成必要的认知，不愿意主动学习与学生管理信息化发展相关的专业知识和理论技巧，从而使得已经生成的学生管理信息化系统应用效率显著降低。

2.管理手段仍旧带有传统色彩

当下高校招生规模的不断扩大，也使各个高校内部管理组织机构划分变得越发细致，高校都开始逐步尝试在学生管理工作中使用各种信息化技术手段。但由于缺乏这方面的专业管理人员，学生管理的水平无法与信息化技术发展同步提升，再加上管理人员结构方面的变化不适应学生信息化发展的具体需求，使得整体的管理技术手段仍旧以传统的行政管理方式为主。即便是我国的高校适应招生规模的不断扩大，进一步扩大了学生管理的队伍规模，在一定程度上强化了学生管理工作的实效性，但这些学生管理人员因为在思想认识方面存在一定的问题，也导致在具体的学生管理工作中仍旧倾向于采用面对面交谈的人力管理方式。

3.学生管理的信息化开发深度不足

高校在逐步推进学生管理信息化发展的过程中，还存在着学生管理信息化开发深度不足的问题，这主要是因为高校内部的学生管理部门在设计相应的管理系统的过程中，单纯地从自身的业务需求出发，忽视了与之相关的其他兄弟部门在业务方面的发展需求，这就导致建设出来的学生管理系统出现了彼此之间相互不协调以及无法有效连接的状况，最终带来各个部门之间的学生管理系统无法有效兼容、涉及的各类学生管理数据无法实现有效共享的局面。此外，这些职能部门在开发学生管理系统的过程中，单纯重视眼下的业务发展需求，忽视了信息技术长期发展而带来的变化，导致在系统设计的过程中忽视了系统发展和升级方面的长远需求，直接降低了系统的适应性。

（三）信息化时代管理工作深度创新策略

1.管理理念的现代化、信息化

任何行为的落实都需要有正确的理念作为支撑。高校学生管理借助信息化技术进行创新，同样需要在理念上进行创新、发展。在信息化技术持续更迭发展的过程中，管理学越发重视人们的个体发展，柔性管理理念作为信息化技术发展中出现的一种新的管理理念，更加提倡遵循学生身心发展规律，以一种趋向民主化的方式，做到从思想层面说服学生，促使其能够在学习、生活中自觉遵循相关的管理制度。换言之，在日常管理学生的过程中，需要彻底脱离之前的行政权力性质的说教，做到在尊重学生个性化发展愿望的前提下，采纳学生在管理方面的合理意见，让其在无形中参与到学生管理中，这对相关工作人员的专业素质水平提出了更高的要求。

同时，高校在学生管理工作过程中，往往会将推荐系统纳入整个学生管理信息化系统，推荐系统能够在特定数据库中搜寻、分析、处理特定的数据，在为用户提供精准信息的同时，将用户的使用反馈作为基础，及时改良数据推荐结果。由此也不难看出，这一系统设置的主要目的就是为学生提供个性信息服务。这一系统的引进也是高校学生管理中引入服务推荐理念的标志，简而言之，相关的管理人员需要树立并始终坚持主动为学生服务的理念。

2. 管理手段的信息化

高校学生管理信息化发展，需要以改良传统的"一刀切"式行政管理手段为重点。将信息化技术引入高校学生管理工作中，能够帮助管理人员随时关注学生在发展中出现的个体化需求，并为其制定专属的发展规划，实现学生管理精细化的目标。简言之，高校的学生管理人员可以借助学生信息的全面收集，建立完善的学生个人电子档案，并在实时更新的前提下，对学生成长中出现的问题及时解决。此外，高校学生对信息技术和各类移动智能终端的应用可谓得心应手，为了确保学生管理工作得以顺利进行，高校可以将班级作为基础单位，建设班级内的学生微型管理平台，确保教师能够借助这一平台及时向学生传达信息，或者接受来自学生的反馈，以便为学生管理工作的持续改进提供支撑。

3. 学生管理信息化技术体系的建立

学生管理信息化工作的落实必然要以信息化系统为支撑，但这一系统又需要将软、硬件作为基础。故此，国内的高校需要将既存的学生信息化管理系统作为基础，将其中涵盖的办公系统、无线资源等，从学生管理的业务需求出发，进行深层的整合。同时，也可以通过进一步加大与信息企业的合作力度，来立体化提高学生管理工作的信息化水平。同时，物联网作为一种信息技术发展的全新产物，能够在学生管理工作的各个环节中有效应用。简单而言，可以将感应和识别设备安装在学生宿舍、食堂等学生经常出入的场所，这对提高学生人身安全管理效率及日常生活便利程度都有巨大价值。

4. 辅导员要提高网络思想政治教育和新媒体工作水平

根据《普通高等学校辅导员队伍建设规定》，辅导员的第六项工作职责是网络思想政治教育，这要求辅导员创新工作路径，运用新媒体对学生开展思想引领和心理指导等。新媒体能够吸引当代大学生，尤其是随着智能终端的普及，每个大学生都掌握了大量的信息，大学生也会通过微博、微信、网站、论坛等渠道关注公共事件，发表自己的意见，这对大学生的影响是全面、深入和彻底的。信息化时代给高校辅导员的思想政治工作带来机遇和挑战，拓展了思想政治教育空间。辅导员将工作内容与新媒体结合，科学把握学生思想动态，对大学生的话题和网络动态进行分析，准确地把握学生的心理动态，利用新媒体手段引导学生正确地认识社会重大、热点问题，主动应对学校和社会舆论事件，增强了思想教育工作对大学生问题解决的时效性和针对性。大学生处在人生的关键阶段，大学时期是建立世界观、人生观、价值观的重要时期，国家治理现代化背景下的学生管理现代化要求辅导员在用新媒体做思想引领工作时守住社会主义核心价值观的底线和红线，培养"新媒体教育情商"，运用虚拟手段消除受教育者的心理戒备，敞开心扉与学生进行交流和沟通，让社会主义核心价值观入脑入心。

第二节　新时代高校管理法治工作创新

一、创新高等学校领导决策机制

（一）互联网技术对高校教育管理的影响

互联网技术的飞快发展，势必会改变人们的工作生活方式、市场金融与政治文化环境，推动整个社会的进步。在这一过程中，大数据会给人们带来不同程度的影响，而对教育领域也是如此。科技的日新月异，不仅丰富了教育手段与技术，还形成了强劲的教育发展动力与新的思维模式，促使教育模式、教学内容和方法进一步优化。特别是在当前教育数据急速增长的形势下，科学运用大数据，是提高教学效果、优化教育管理决策、加快教育信息化建设的关键举措。

1. 环境方面

一般情况下，高校教育管理与决策需要大量数据的支撑，这是所有管理与决策的前提，因此，在大数据迅猛发展的过程中，高校教育管理与决策也出现了不同程度的转变。按照详细数据信息来源进行分类，教育大数据主要包含了高校内部教育体系以及有关教育教学方面的数据信息，是组成教育数据的重要部分，同时也涵盖了源于互联网和不同社交平台的数据信息。相对于以往的教育数据来说，复杂性、碎片化是大数据时代高校教育管理与决策的鲜明特征，并且这些数据信息都有着极高的精确度，有助于实现教育管理决策的多元化。

2.举措方面

大数据能有效解决教育管理与决策中出现的各种问题，以各大高校招生工作为例，在实际招生过程中，将会产生大量数据信息，根据对招收学生户籍所在地、重点招生城市等方面做出科学全面的决策，可以保障高校招生工作的顺利开展。从过去教育管理与决策的实践看，能够明显发现教育管理与决策通常更加重视系统性的研究问题，寻找问题出现的根本原因，继而提出具体的解决方案。而运用大数据，可最大限度地协助广大教育管理与决策人员制定周密可行的防范机制，从源头上彻底消除教育隐患。

3.广度方面

大数据对高校教育管理与决策的重要影响，在某种程度上增加了参与教育管理与决策的人员数量，充分拓展了教育管理与决策的广度，使其更加全面。在过去教育管理与决策过程中，基础性信息极其有限，教育管理与决策人员凭借以往工作经验或依据院校历史数据来做出教育决策。这样的决策缺少实用性，严重违背了高校实际办学目标，不利于高校的发展和建设。大数据时代，各类公开透明的数据信息发挥自身特殊优势，无论是教育行政人员还是一线教师，都自觉主动地加入教育管理与决策实践中。大数据日益多元化的发展态势，能更好地协助广大教育人员和相关社会组织等参加教育管理与决策，确保最终做出的决策与现实情况相符，切实加快高等教育事业的发展。

4.团队方面

大数据背景下，每个阶层的受教者都拥有充分表达自身真实看法和意见的权利，教育管理与决策也出现了显著的权限变化，因而教育行政管理团队也出现了不同程度的变化。大数据的产生，扩大了教育行政管理团队的整体规模及发展空间，利用网络数据信息系统，大数据能将原本各自独立的行政管理团队串联在一起，建立合作共享的互动关系，为教育行政管理团队的成功转型提供有力保障条件。

（二）大数据在高校教育管理与决策中的实践应用

1.数据搜集

一切事物都要建立在数据的基础上，尽可能多地获取有价值的数据和信息，是高校教育管理与决策水平提高的关键所在。现阶段，虽然教育管理在大数据的支持下取得了显著成效，但并未使大数据优势发挥到最大，还需广大教师和教育管理人员提高自身的大数据意识，强化大数据在高校教育管理与决策中的积极作用。教育管理信息的全方位、动态化、持续性的自然搜集是建设教育管理数据的前提条件与初始导向性工作。相比以往教育管理的信息搜集方式，依托大数据的教育管理信息获取和搜集渠道更加丰富，常用的主要集中在物联感知、视频录制、系统搜集和图像辨别这几方面，极大地提高了相关资料的智能化、自动化、数字化水平，增强了碎片化信息的分析处理能力与教育管理信息的搜集能力。近些年来涌现了眼动追踪、虚拟现实以及人机对话等新兴技术，未来将会有更多信息搜集技术被运用到教育管理与决策中，不断促使着大数据搜集的便捷性、及时性以及连续性发展。

2. 数据系统

高校应重视教育决策方面的数据信息，对其加强整合，努力建设教育教学数据系统。在大数据背景下，教学数据、学生信息以及教育资源等复杂多样，教育数据应用平台，在以往教育管理过程中积累了海量数据，但并未对这些数据进行分析和有效利用，高校有关部门的工作人员平时在数据信息录入中仅仅是简单地对数据进行统计与顺序调整，导致他们最终得到的都是一些表面、普通、价值低的结果。建设一个完整的大数据探究平台，从不同教育应用系统中随机选出某些数据信息进行管理、分类、整合、研究和实践运用，以便从中发现重要规律，将其可视化呈现出来，可为高校教育管理部门的科学决策提供有力支持，切实满足师生的多元化需求，提高高校服务质量，推进服务的信息化建设。高校可结合院校整体实力和鲜明特色来创建校园官方网站，借此来促进师生间的交流，深入分析和探索教育信息。同时，高校也可与某些院校或社会教育机构合作建设数据信息系统，充分实现教育管理数据信息的全方位搜集与保存。

3. 数据挖掘

基于大数据技术的自动化分析主要包括数据挖掘、数据可视化处理等相关的分析系统、运算方法及统计模型，为不同业务提供了智能化的数据挖掘和分析服务。在教育领域中的数据挖掘，具体指的是对广大学生的日常学习过程及行为展开分析并加以量化、创建模型，通过统计学、计算机技术以及信息挖掘等新兴方法来更加全面深入地分析教育和学习当中出现的各种数据。其中大数据学习分析的基本内涵是借助现有的模型进一步了解、掌握学习过程和习惯，客观反映了教育管理人员、学生、教师等教育场域内的信息监测、搜集、研究、处理与整合。大数据最明显的技术优势就是能够结合已知，合理推测判断未知。结合现有的数据信息综合评估和推测未来将发生的变化，可使心里有个大致判断。

根据所挖掘的各项数据的显著特征与彼此间的密切关系，来构建针对性的数据模型，利用模型引进其他新数据，可以对未来有可能产生的数据进行预测。在预测模式的支撑下，高校教育管理与决策可减少许多失误，全方位地把控与分析广大学生的日常学习情况与院校舆情，对某些潜在的教育管理危机进行预估和预防，以便科学指导教育管理与决策方案的优化，提高管理和决策水平。

4. 评价制度

在制定高校教育质量评估体系时，可以合理运用大数据技术，按照它的信息管理模式，全面搜集和保存相关的考评数据，以此构成有效建议，催生全新的教育管理与决策观念。从整体来看，高校教育是一个综合性的复杂系统，判断教育管理与决策是否客观正确，是高校教育管理人员长期重视的问题，而大数据时代的到来，则为他们解决这一问题提供了有利的环境。随着教育教学信息化建设的不断加快，借助大数据信息技术全方位考评高校教育质量，可最大限度地扩大信息覆盖范围，丰富信息形式，使评估内容更加完善，通过建设高校教育教学质量评估系统，来明确管理与决策的评价指标，以先进开放的多元化评价方式来保障评价过程的合理性。与此同时，运用大数据还能提高大量信息的处理效率，使数据信息的分析与处理不再复杂，为依托大数据的高校教育管理与决策提供最优质的服务。此外，大数据支持下的教育管理与决策更具说服力，更易赢得广大师生的信任，从而提高其他有关部门教育管理与决策的针对性和有效性。

二、创新高等学校内部行政执行机制

（一）创新的契机

随着互联网的不断发展，互联网对人们生活的影响已经遍布各个领域。互联网在高校应用最大的优势就是加快了信息传播的速度，不仅促进了学生和教师之间的交流，也让高校的发展变得更加迅速。同时互联网的虚拟性给高校行政管理工作带来了一些不利的影响，高校要注意到互联网变革所带来的机遇，正确使用互联网，让互联网为高校行政管理工作的提升带来更多的正面影响。

（二）互联网时代所面临的挑战

1. 管理制度落后

在互联网时代，高校行政管理工作应当向着更高效和更具时效性的方向转变，这对当前高校行政管理工作提出了更高的要求。由于当前大部分高校的行政管理制度相对落后，因此在当前高校的行政管理工作中很容易出现滞后性严重以及针对性较弱两个方面的问题。当前相对传统的行政管理制度，很容易造成高校行政管理工作无法获得规范化的调整，在当前行政管理工作日益增加的大背景下，需要做到行政管理制度的规范化和多元化才能确保高校行政管理工作的高效与稳定，而过于传统的管理制度则无法保证高校行政管理工作得到有效的开展。同时，由于总体纲领性制度在当前高校行政管理当中有着很大的比重，很容易导致行政管理工作的适用性较低，对行政管理工作的效率提高带来了较大的制约。

2. 工作服务意识淡薄

高校行政管理工作存在凭经验办事、守旧规办事的问题；存在对自身的工作性质认知不清、对自己的身份认知不清等问题。问题产生的主要原因是没有时刻把服务意识印在脑中，这样就使得多数高校行政管理工作者不求进取、不懂创新，在无形中大大降低了行政工作的效率。习近平总书记曾强调，我们党要树立服务型政党。那么在高校行政管理工作中，更要建设服务型高校行政管理模式，只有为教师和学生做好服务，才能提高我们的工作效率，为高校教学活动和科研活动提供更好的环境。

3. 文件管理不规范

当前部分高校的行政管理模式相对传统，并没有形成有效的规范化的管理，主要表现在两个方面：首先，文件管理没有实现规范化。随着信息化时代的发展，高校各类工作也在不断地提升效率、扩大规模，同时带来了更多的相关文件。而文件的整理作为高校行政管理工作的重要内容，合理且规范的整理对于高校整体工作效率的提升有着非常大的帮助。不过大多数管理部门并没有意识到文件数量的增加给文件管理带来的困难，并没有对文件进行统一且规范的管理。虽然部分高校也在积极采用信息化的管理模式，但各个管理部门之间无法获得有效的交流，导致各部门所使用的数据库和管理系统存在巨大的差异。其次，管理流程不规范。由于部分管理人员的思想和意识相对淡薄，很容易出现过于看重结果而不注重管理过程的情况，导致管理过程过于繁杂，这样不仅降低了管理的质量和效率，同时也无法有效展现出管理服务的全面性和标准化。

4. 管理机制不完善

由于部分高校的行政管理工作出现了机关化的模式，学校无法让服务职能得到有效落实，进而使部分高校在人才培养和聘用、管理人员激励等方面出现落后的情况。部分高校各个部门之间还出现分头管理的情况，这样权力、责任和利益之间没有明确的展现，导致各部门之间无法得到有效的合作，遇到复杂的工作以及责任问题容易出现互相推卸的现象，对于高校行政管理工作带来了一定的负面影响。由于管理层之间没有达成顺利的协作，部分信息无法获得有效传达，管理人员的安排经常滞后。学校制定的行政管理制度不仅没有得到有效落实，相关的监督制度和信息反馈制度也没有得到完善，很容易导致管理制度实施不到位的情况。行政管理部门内部协调性不足，对于问题的处理没有一个统一且标准的流程，导致行政管理部门在处理问题方面显得非常低效，加上上行下效的管理模式无法得到有效落实，进而造成了整个管理效率过低的局面。

5. 缺少管理人才的培养

当前高校行政管理人才缺失主要体现在：人员配置不平衡。相对来说高校行政管理部门的人员配置相对固定，管理人员安于现状，没有足够的竞争以及创新意识，导致了当前高校管理模式落后的情况。随着当前教育体系的变革，高校管理人员也面临非常严峻的竞争，因此管理人员必须有着足够的竞争力才能在高校的管理部门中占据一席之地。

6. 线上服务水平不高

当前高校线上管理服务水平有待提升。对于当代的大学生而言，其已经能够熟练地使用互联网技术，并且对智能化技术拥有非常高的期待，学生不愿意采用传统的模式传递信息。而且在我国高校中部分教学管理人员在工作时会推卸责任，当出现问题时，会将责任推给辅导员或其他部门，导致学生反复在其中周旋，问题迟迟难以得到解决，这就需要高校努力提升大学生管理工作的线上服务水平，如果学生可以在线上办理相关事情，出现问题可以直接反馈，这样能够有效地提升工作人员的办事效率。

7. 信息化管理技术不完善

高校行政管理工作涉及机关直属部门、党群部门、各二级学院等多个部门，且各二级学院工作地点较为分散，行政管理人员更换也较为频繁，使得部门之间、学院之间沟通较为困难。随着互联网时代的到来，高校信息化管理技术在不断普及，相应提高了高校行政的工作效率。但是，由于部门之间的衔接不到位和信息化平台的各种限制等问题，互联网信息化管理技术仍存在明显的不足，导致工作效率低下。比如现在常用的财务系统、人事系统、国有资产管理系统、办公物资采购系统等，大多是分散的、封闭的，仍存在很多非智能化现象，比如财务系统报销时仍需人为判断金额再输入系统内，无法通过系统进行智能化识别报销；

系统与系统间未进行融合，互相封闭，这就导致在一个部门需要一些数据时，无法从其他部门系统里直接获得，仍需要重新统计并上传。如此，既增加了工作量，又容易出现错误信息。造成上述问题的主要原因是高校未对所有信息进行科学、系统的整合，也没有形成科学化、专业化、智能化的管理。

（三）互联网时代的基本特点

互联网时代的快速发展让信息的传播变得更具有时效性，相对于传统媒体来说，互联网有着以下三点优势。

1. 信息传播速度快

互联网最大的优势就是信息传播速度快，互联网能够让高校的行政管理工作变得更加高效，进一步提升了高校行政管理工作的核心质量。

2. 信息储存量大

互联网可以有效将信息进行整合，并且利用数字化技术进行存储，让大量行政管理文件得到最有效的存储。其中备份、防火墙以及网络权限等功能促使高校行政管理文件变得更加安全，可以有效完善高校行政管理文件的收录和保存工作。

3. 具有虚拟交互性

在互联网上进行沟通不仅便捷，而且相对虚拟，在这样一个虚拟的环境下，人与人之间如同隔了一堵墙，这堵墙不但没有阻碍交流，还可以有效实现人与人之间的平等，加强了各级别和各部门之间的平等交流，确保高校行政管理工作效率和质量得到有效的提升。

（四）加强高校管理工作的相关对策

为了提升互联网时代高校行政管理工作的工作效率和质量，当前各高校可以从以下方面进行研究和落实，确保高校行政管理工作能够得到一定的发展。

1. 加强管理制度创新

管理制度的完善与加强可以从以下两点做起：首先是要健全校级纲领性制度。学校一定要明确当前行政管理工作的不足，同时也对日后相关工作的目标进行详细制定，并且根据目标对相关制度进行完善，为行政管理服务工作提供一个向导，确保各项管理工作和事务能够有理有据地展开，为加强行政管理工作全面化和规范化建设奠定良好的基础。其次就是要加强二级管理单位相关管理制度的完善。互联网时代的到来让学校行政管理工作所面临的要求和挑战形成了动态化的特征，因此二级管理部门一定要及时对相关管理制度进行完善和实施，加强对于重点工作的落实；同时还要加强各部门之间的协调与关联，让各部门能够紧密团结在一起，确保为学校行政管理工作的实施奠定坚实的基础。

2. 加强对文件的管理

为了确保文件管理制度得到落实，就必须保证文件管理流程的规范化，确保相关文件能按照相关的规章制度进行合理的整理以及管理。首先就是要将各类文件的写作格式进行统一，内容尽可能明确、简洁，能够清晰表达出文件的内容，确保文件在传达时的高效。其次就是要实施集中管理制度，可以利用统一的网络系统以及数据库作为文件的载体，让相关文件能够实现多个部门之间的共享交流，同时要完善检索系统以及分类整理系统，确保相关工作人员能够尽快找到目标文件。在建立共享文件系统的同时，加强对于文件的保护也是非常重要的，在文件系统的建设当中，要严格控制好访问、下载、修改以及上传的权限，一定要确保工作人员在对文件进行共享时能够获得特定的权限，同时要避免其对文件进行改动。如果文件需要进行修改，则需要给予工作人员专门的修改权限，确保工作人员的修改工作能够顺利进行。而且为了确保文件的安全，一定要对文件进行双重备份，也就是线上和线下的备份。管理人员不仅要能够利用云端存储进行备份，也要利用好移动储存设备进行线下的备份，从而确保文件能够获得最安全的管理。

3. 加强管理人才培养

对于行政管理人才的培养可从思想和技能两个方面入手，既要确保管理人员有着良好的思想，也要确保管理人员有着全面的技能。

在互联网时代，高校行政管理工作人员必须有较强的服务意识以及创新能力，确保工作时有组织、有纪律。管理人员要有不断提升自我能力的意识、勇于面对问题和挑战的精神、为人民服务的奉献精神以及爱岗敬业的责任精神。同时，行政管理工作人员要对自己的管理思想进行培养，确保自己的思想能够做到与时代齐头并进，并加强对于新兴管理理念的认知，加强对自己思想的完善，让管理理念变得更加科学化和规模化。

在对管理人员进行培养时，学校要以培养管理人员的综合能力为主，一定要充分调动起管理人员的积极性，深度挖掘管理人员的各方面潜能，并且积极鼓励管理人员对管理制度进行创新，确保管理团队的能力能够得到跨越式的提升。

4. 加强工作机制的改革

高校行政管理部门在强化服务理念的同时，一定要确保与服务制度相关的保障制度能够得到同等的重视，对监督制度和信息反馈制度进行不断完善；同时，积极采用信息技术来加强对服务流程的管理，确保服务流程简洁、方便和直观，让行政管理部门能够更高效地为广大师生服务。为了提高行政管理工作人员的积极性和主动性，一定要完善业绩制度和奖惩制度，让行政管理人员能够积极主动地完成自己的工作，一心一意地投入服务工作当中，让管理人员的工作能力得到显著的提升。

5. 加强服务质量

随着互联网时代高校规模的不断扩大，行政管理工作也变得更加复杂。因此，更需要相关管理人员转变当前的管理思路，更加注重以人为本的管理理念，确保高校的行政管理服务工作满足教师和学生的需求，切实保障教师和学生的基本利益，让教师和学生对行政管理部门的服务更加满意。除此之外，行政管理部门要明确规划好自己的岗位和职责，相关工作人员一定要秉着为人民服务的态度来开展工作，不断提升服务质量和服务效率，让全体师生对行政管理部门的工作更加满意，这样才能确保高校的行政管理工作水平获得稳步提升。

6. 利用互联网提高管理效率

随着互联网技术的不断发展，当前高校行政管理工作也迎来了新的挑战。面对更多、变化更快的信息以及文件，传统的行政管理工作方法已经难以满足当前行政管理部门对信息的处理要求，行政管理部门一定要采用高科技来加强对于相关信息的管理。管理工作人员需要加强对于互联网管理技术的学习，积极利用好相关电子设备对日常的行政工作信息进行收集和整理；同时，要增强决策分析以及系统操作的准确性和高效性。互联网技术不仅可以有效降低管理成本、减少管理人员的工作压力，而且对于行政管理工作效率的提升也是非常有利的。

7. 规避传统思想

在传统行政管理模式当中，资历和经验都是考查管理能力的关键因素，但信息时代的到来使传统的理念无法完全满足时代的发展特色，相对陈旧的经验和想法很不利于行政管理工作的实施。因此，高校在对行政管理方面的人才进行培养时，一定要确保以培养高素质、创新性人才为目标，要求行政管理人员能够对新的管理模式不断探索，思想能够不断提升，并且能够根据时代的发展对行政管理工作计划做出及时调整，让行政管理工作变得更加灵活与高效。

参 考 文 献

［1］ 刘小亚，刘骥才，张磊."依法治校"在高校管理中的应用思考与探究［J］.
法制与社会，2020（36）：145-146.

［2］ 戴思薇.依法治校视域下的现代大学制度优化路径研究［J］.江苏第二师范学
院学报，2020，36（6）：64-68.

［3］ 郝文景，王艳玲.依法防治"校闹"维护校园安全［J］.教育教学论坛，2020
（53）：117-118.

［4］ 眭依凡.关于高校内部治理体系创新研究的框架性思考［J］.华东师范大学学
报（教育科学版），2020，38（12）：21-32.

［5］ 杨少波，刘虹燕.新形势下高校依法治校的内涵及实施路径［J］.新疆广播电
视大学学报，2020，24（4）：55-58.

［6］ 陈传林.全面依法治国背景下高校依法治校三大关系［J］.南京中医药大学学
报（社会科学版），2020，21（4）：286-290.

［7］ 邹明.新时代高职院校法治文化建构探析［J］.法制博览，2020（35）：150-
151.

［8］ 袁蓉，杨爽.在加强高校党的制度建设中推进依法治校研究［J］.高教学刊，
2020（36）：189-192.

［9］ 田学军.全面加强法治工作 推进高等学校治理体系和治理能力现代化：在
全国高校法治工作会议上的讲话［J］.中国高等教育，2020（23）：4-8.

［10］ 钱思彤，赵国军.我国高校学生校内申诉制度探析［J］.法制与经济，2020
（11）：43-45.

［11］ 林海景.高职院校依法治校及其评估指标体系现状探究［J］.江西电力职业
技术学院学报，2020，33（11）：113-114.

［12］ 倪皓.依法治校进程中大学生思政教育现状调研［J］.中学政治教学参考，
2020（38）：48-51.

［13］ 戴界蕾.确立依法治校理念 构建现代学校制度［J］.考试周刊，2020（94）：
3-4.

［14］ 姜昆 . 依法治校视域下高校学生危机的应对策略研究［J］. 法制与社会，2020（32）：165-166.

［15］ 徐妮妮 . 依法治校视域下以法治教育深化高校法治精神文化建设［J］. 法制博览，2020（31）：131-132.

［16］ 吴永祥 . 依法治校视角下我国大学治理体系与治理能力建设［J］. 法制与社会，2020（31）：145-146.

［17］ 葛林艳 . 推动依法治校，提升高校辅导员法律素养［J］. 法制博览，2020（30）：123-124.

［18］ 王浩 . 依法治校背景下高校信访法治化建设论述［J］. 辽宁经济，2020（10）：78-79.

［19］ 胡爱民 . 处理学生意外伤害事故要有法律思维［J］. 教学与管理，2020（29）：20-21.

［20］ 陈俊源，施彦军 . 依法治校视域下当代高校与大学生之间的法律纠纷及其化解对策［J］. 学术探索，2020（10）：55-61.

［21］ 王浩 . 探究基于依法治校视野下的高校学生管理工作［J］. 辽宁省交通高等专科学校学报，2020，22（5）：63-65.

［22］ 穆牧 . 依法治校背景下的学生管理法治化研究［J］. 现代交际，2020（19）：170-172.

［23］ 闵磊 . 高校教师在树立法治观念时应注意的问题［J］. 产业与科技论坛，2020，19（19）：232-233.

［24］ 王浩 . 浅谈高校校园法治文化建设［J］. 辽宁广播电视大学学报，2020（3）：118-120.

［25］ 许博，洪丽燕 . 高校依法治校工作实践与思考［J］. 办公室业务，2020（18）：70-71.

［26］ 蔡昭权 . 用党的创新理论推动办学治校［J］. 岭南学刊，2020（5）：6-8.

［27］ 王华东 . 依法治国体制下的高校辅导员法律素质培养［J］. 法制与社会，2020（25）：160-161.

［28］ 陈全波，罗丹 . 法治视域下大学生权益保障体系的构建［J］. 湖北开放职业学院学报，2020，33（14）：33-34.